古典文獻研究輯刊

三六編

潘美月·杜潔祥 主編

第 35 冊

清代散見戲曲史料彙編（筆記卷·二編）
（第二冊）

趙興勤、葉天山、趙韡 著

國家圖書館出版品預行編目資料

清代散見戲曲史料彙編（筆記卷・二編）（第二冊）／趙興勤、
葉天山、趙韡 著 -- 初版 -- 新北市：花木蘭文化事業有限公
司，2023〔民112〕
目 10+150 面；19×26 公分
（古典文獻研究輯刊 三六編；第 35 冊）
ISBN 978-626-344-293-1（精裝）
1.CST：戲劇史 2.CST：史料 3.CST：清代
011.08   111022062

ISBN-978-626-344-293-1

9 786263 442931

古典文獻研究輯刊
三六編　第三五冊   ISBN：978-626-344-293-1

清代散見戲曲史料彙編（筆記卷・二編）
（第二冊）

作　　者　趙興勤、葉天山、趙韡
主　　編　潘美月、杜潔祥
總 編 輯　杜潔祥
副總編輯　楊嘉樂
編輯主任　許郁翎
編　　輯　張雅淋、潘玟靜　美術編輯　陳逸婷
出　　版　花木蘭文化事業有限公司
發 行 人　高小娟
聯絡地址　235 新北市中和區中安街七二號十三樓
　　　　　電話：02-2923-1455／傳真：02-2923-1452
網　　址　http://www.huamulan.tw 信箱 service@huamulans.com
印　　刷　普羅文化出版廣告事業
初　　版　2023 年 3 月
定　　價　三六編 52 冊（精裝）新台幣 140,000 元

清代散見戲曲史料彙編（筆記卷・二編）
（第二冊）

趙興勤、葉天山、趙韡　著

目
次

邵廷采

邵廷采（1648～1711），字允斯，一字念魯，浙江余姚（今屬寧波市）人。弱冠為縣學生，恥作應舉之文，課徒為業。少從韓孔當，講學於姚江書院，交蕺山（明劉宗周，因講學蕺山，人稱蕺山先生）弟子，聞誠意、慎獨之旨，欣然有得，每談忠孝節烈事，神氣勃發。於明季諸臣，尤能核其本末。事見《兩浙輶軒錄補遺》卷三。

茲據清光緒十年徐翰刻十二卷本《西南紀事》輯錄。

桂王

中秋節，緬酋受諸蠻朝，逼黔國公天波行禮。天波歸哭而慟。馬吉翔、李國泰等飲王惟恭家，為梨園舞。老妓泣下曰：「此何時，猶為歌舞歡耶？」蒲縷家復縱博，聲徹於內。王方臥病，歎息而已。（卷一，第20頁）

李成棟

成棟下令文武將吏軍民解辮。是日，首自加網，職官購及優人服色，草草成儀，遂以廣東十郡歸王，請大駕幸肇慶。（卷九，第2頁）

張　潮

張潮（1650～？），字山來，號心齋、三在道人，江南歙縣籍，江蘇江都（今屬揚州市）人。清康熙初以歲貢考選，授翰林院孔目。與孔尚任、冒襄、陳維崧皆有交往。

茲據清康熙三十九年刻二十卷本《虞初新志》輯錄。

小青傳

小青者，虎林某生姬也。家廣陵，與生同姓，故諱之，僅以小青字云。姬夙根穎異，十歲，遇一老尼授《心經》，一再過，了了，覆之不失一字。尼曰：「是兒蚤慧福薄，願乞作弟子。即不爾，無令識字，可三十年活爾。」家人以為妄，嗤之。母本女塾師，隨就學，所遊多名閨，遂得精涉諸技，妙解聲律。江都固佳麗地，或諸閨彥雲集，茗戰手語，眾偶紛然。姬隨變酬答，悉出意表，人人唯恐失姬。雖素嫻儀則，而風期異豔，綽約自好，其天性也。年十六，歸生。生，豪公子也，性嘈唼，憨跳不韻。婦更奇妒，姬曲意下之，終不解。一日，隨遊天竺，婦問曰：「吾聞西方佛無量，而世多專禮大士者何？」姬曰：「以其慈悲耳。」婦知諷己，笑曰：「吾當慈悲汝！」乃徙之孤山別業，誡曰：「非吾命而郎至，不得入。非吾命而郎手札至，亦不得入！」姬自念彼置我閒地，必密伺短長，借莫須有事魚肉我，以故深自斂戢。婦或出遊，呼與同舟。遇兩堤之馳騎挾彈遊冶少年，諸女伴指點誶躍，倏東倏西，姬澹然凝坐而已。婦之戚屬某夫人者，才而賢，常就姬學奕，絕愛憐之。因數取巨觴觴婦，矖婦已醉，徐語姬曰：「船有樓，汝伴我一登。」比登樓，遠眺久之，撫姬背曰：「好光景可惜，毋自苦！章臺柳亦倚紅樓盼韓郎走馬，而

子作蒲團空觀耶？」姬曰：「賈平章劍鋒可畏也！」夫人笑曰：「平章劍鈍，女平章乃利害耳！」頃之，從容諷曰：「子既嫻儀則，又多技能，而風流綽約復爾，豈當墮羅剎國中？吾雖非女俠，力能脫子火坑。頃言章臺柳，子非會心人耶？天下豈少韓君乎？且彼縱善遇子，子終向黨將軍帳下作羔酒侍兒乎？」姬曰：「夫人休矣。妾幼夢手折一花，隨風片片著水，命止此矣！夙業未了，又生他想，彼冥曹姻緣簿，非吾如意珠，再辱奚為？徒供群口畫描耳！」夫人歎曰：「子言亦是，吾不子強。雖然，子亦宜自愛。彼或好言飲食汝，乃更可慮。即旦夕所須，第告我無害。」因相顧泣下沾衣。徐拭淚還座，尋別去。夫人每向宗戚語及之，無不諮嗟歎息云。姬自後幽憤凄惻，俱託之詩或小詞。而夫人後亦旋宦遠方。姬益寥閴，遂感疾。婦命醫來，仍遣婢捧藥至。姬佯感謝，婢出，擲藥床頭，歎曰：「吾即不願生，亦當以淨體皈依，作劉安雞犬，豈以一杯鴆斷送耶？」然病益不支，水粒俱絕，日飲梨汁盞許。益明妝冶服，擁袵欹坐，或呼琵琶婦唱盲詞以遣。雖數暈數醒，終不蓬首偃臥也。忽一日，語老嫗曰：「可傳語冤業郎，覓一良畫師來。」師至，命寫照。寫畢，攬鏡熟視曰：「得吾形似矣，未盡吾神也。姑置之。」又易一圖，曰：「神是矣，而風態未流動也，若見我而目端手莊，太矜持故也。姑置之。」命捉筆於旁，而自與嫗指顧語笑，或扇茶鐺、簡圖書，或代調丹碧諸色，縱其想會。久之，覆命寫圖。圖成，極妖纖之致，笑曰：「可矣！」師去，即取圖供榻前，爇名香，設梨酒奠之，曰：「小青，小青！此中豈有汝緣分耶？」撫几而泣，淚雨潸潸下，一慟而絕。時萬曆壬子歲也，年才十八耳。哀哉！人美如玉，命薄於雲，瓊蕊優曇，人間一現，欲求如杜麗娘牡丹亭畔重生，安可得哉！日向暮，生始踉蹌來，披帷，見容光藻逸，衣袂鮮好，如生前無病時，忽長號頓足，嘔血升餘。徐簡得詩一卷，遺像一幅，又一緘寄某夫人，啟視之，敘致惋痛，後書一絕句。生痛呼曰：「吾負汝！吾負汝！」婦聞恚甚，趨索圖。乃匿第三圖，偽以第一圖進，立焚之。又索詩，詩至，亦焚之。廣陵散從茲絕矣，悲夫！楚焰成烈，何不以紀信誑之？則罪不在婦，又在生耳！及再簡草稿，業散失盡。而姬臨卒時，取花鈿數事贈嫗之小女，襯以二紙，正其詩稿。得九絕句、一古詩、一詞，並所寄某夫人者，共十二篇。古詩云：「雪意閣云云不流，舊雲正壓新雲頭。米顛顛筆落窗外，松嵐秀處當我樓。垂簾只愁好景少，捲簾又怕風繚繞。簾捲簾垂底事難，不情不緒誰能曉？爐煙漸瘦剪聲小，又是孤鴻唳悄悄。」絕句云：「稽首慈雲大士前，莫生西土

莫生天。願為一滴楊枝水，灑作人間並蒂蓮。」「春衫血淚點輕紗，吹入林逋
處士家。嶺上梅花三百樹，一時應變杜鵑花。」「新妝竟與畫圖爭，知在昭陽
第幾名。瘦影自臨秋水照，卿須憐我我憐卿。」「西陵芳草騎轔轔，內使傳來
喚踏春。杯酒自澆蘇小墓，可知妾是意中人？」「冷雨幽窗不可聽，挑燈閒看
《牡丹亭》。人間亦有癡於我，豈獨傷心是小青。」「何處雙禽集畫欄，朱朱
翠翠似青鸞。如今幾個憐文采，也向秋風鬥羽翰。」「脈脈溶溶灩灩波，芙蓉
睡醒欲如何。妾映鏡中花映水，不知秋思落誰多。」「盈盈金谷女班頭，一曲
驪珠眾伎收。值得樓前身一死，季倫原是解風流。」「鄉心不畏兩峰高，昨夜
慈親入夢遙。見說浙江潮有信，浙潮爭似廣陵潮？」其《天仙子》詞云：「文
姬遠嫁昭君塞。小青又續風流債。也虧一陣黑罡風，火輪下，抽身快。單單
別別清涼界。　　　原不是鴛鴦一派。休算做相思一概。自思自解自商量，心
可在。魂可在。著衫又撚裙雙帶。」與某夫人書云：「元元叩首瀝血致啟夫人
臺座下：關頭祖帳，迴隔人天；官舍良辰，當非寂度。馳情感往，瞻睇慈雲；
分燠噓寒，如依膝下。糜身百體，未足云酬。娣娣姨姨無恙？猶憶南樓元夜
看燈諧謔，姨指畫屏中一憑欄女曰：『是妖嬈兒，倚風獨盼，恍惚有思，當是
阿青！』妾亦笑指一姬曰：『此執拂狡鬟，偷近郎側，將無似娣？』於時角彩
尋歡，纏綿徹曙，寧復知風流雲散，遂有今日乎？往者仙槎北渡，斷梗南樓，
猖語哼聲，日焉三至。漸乃微詞含吐，亦如尊旨云云。竊揆鄙衷，未見其可。
夫屠肆菩心，餓狸悲鼠，此值供其換馬，不即辱以當壚。去則弱絮風中，住
則幽蘭霜裏。蘭因絮果，現業誰深？若使祝髮空門，洗妝浣慮，而豔思綺語，
觸緒紛來。正恐蓮性雖胎，荷絲難殺，又未易言此也！乃至遠笛哀秋，孤燈
聽雨，雨殘笛歇，謖謖松聲。羅衣壓肌，鏡無干影，晨淚鏡潮，夕淚鏡汐。
今茲雞骨，殆復難支。痰灼肺然，見粒而嘔。錯情易意，悅憎不馴。老母娣
弟，天涯問絕。嗟乎！未知生樂，焉知死悲？憾促歡淹，無乃非達？妾少受
天穎，機警靈速；豐茲嗇彼，理詎能雙？然而神爽有期，故未應寂寂也。至
其淪忽，亦匪自今。結褵以來，有宵靡旦，夜臺滋味，諒不殊斯，何必紫玉
成煙，白花飛蝶，乃謂之死哉！或軒車南返，駐節維揚，老母惠存，如妾之
受，阿秦可念，幸終垂憫。疇昔珍贈，悉令見殉；寶鈿繡衣，福星所賜，可
以超輪消劫耳。然小六娘竟先期相俟，不憂無伴。附呈一絕，亦是鳥語鳴哀。
其詩集小像，託陳嫗好藏，覓便馳寄。身不自保，何有於零膏冷翠乎？他時
放船堤下，探梅山中，開我西閣門，坐我綠陰床，髣生平於響像，見空幃之

寂揚。是耶非耶，其人斯在？嗟乎夫人：明冥異路，永從此辭！玉腕朱顏，行就塵土，興思及此，慟也何如？元元叩首叩首上。」後附絕句云：「百結迴腸寫淚痕，重來惟有舊朱門。夕陽一片桃花影，知是亭亭倩女魂。」生之戚某集而刻之，名曰《焚餘》。

> 張山來曰：紅顏薄命，千古傷心。讀至送鳩、焚詩處，恨不粉妒婦之骨以飼狗也！又曰：小青事，或謂原無其人，合「小青」二字，乃「情」字耳。及讀吳□《紫雲歌》，其小序云：「馮紫雲，為維揚小青女弟，歸會稽馬髦伯」。則又似實有其人矣。即此傳亦不知誰氏手筆，吾友殷日戒髣髴憶為支小白作，未知是否，姑闕疑焉。（卷一，第14～20頁）

柳敬亭傳（吳偉業梅村）

柳敬亭者，揚之泰州人，蓋曹姓。年十五，獷狷無賴，名已在捕中。走之盱眙，困甚，挾稗官一冊，非所習也，耳剽久，妄以其意抵掌盱眙市，則已傾其市人。好博，所得亦緣手盡。有老人，日為釀百錢，從寄食。久之，過江，休大柳下，生攀條泫然。已撫其樹，顧同行數十人曰：「嘻，吾今氏柳矣！」聞者以生多端，或大笑以去。後二十年，金陵有善談論柳生，衣冠懷之，輻輳門，車嘗接轂，所到坐中皆驚。有識之者：「此固向年過江時，休樹下者也！」柳生之技，其先後江湖間者，廣陵張樵、陳思，姑蘇吳逸，與柳生四人者，各名其家，柳生獨以能著。或問生何師？生曰：「吾無師也。吾之師乃儒者雲間莫君後光。」莫君言之曰：「夫演義雖小技，其以辨性情，考方俗，形容萬類，不與儒者異道。故取之欲其肆，中之欲其微，促而赴之欲其迅，舒而繹之欲其安，進而止之欲其留，整而歸之欲其潔。非天下至精者，其孰與於斯矣？」柳生乃退就舍，養氣定詞，審音辨物，以為揣摩。期月而後請莫君。莫君曰：「子之說未也。聞子說者，歡咍嗢噱，是得子之易也。」又期月，曰：「子之說幾矣。聞子說者，危坐變色，毛髮盡悚，舌撟然不能下。」又期月，莫君望見驚起曰：「子得之矣！目之所視、手之所倚、足之所跋，言未發而哀樂具乎其前，此說之全矣！」於是聽者倘然若有見焉；其竟也，怳然若有亡焉。莫君曰：「雖以行天下，莫能難也！」已而柳生辭去，之揚州，之杭，之吳。吳最久。之金陵，所至與其豪長者相結，人人昵就生。其處己也，雖甚卑賤，必折節下之；即通顯，敖弄無所詘。與人談，初不甚諧謔，徐舉一往事相酬答，澹辭雅對，一坐傾靡。諸公以此重之，亦不盡以其技強也。當是時，士大夫避寇南下，僑

金陵者萬家。大司馬吳橋范公，以本兵開府，名好士；相國何文瑞，闔門避造請。兩家引生為上客。客有謂生者曰：「方海內無事，生所談，皆豪猾大俠、草澤亡命。吾等聞之，笑謂必無是，乃公故善誕耳。孰圖今日不幸竟親見之乎！」生聞其語慨然。屬與吳人張燕築、沈公憲俱；張、沈以歌，生以談。三人者，酒酣，悲吟擊節，意悽愴傷懷。凡北人流離在南者，聞之無不流涕。未幾而有左兵之事。左兵者，寧南伯良玉軍，噪而南，尋奉詔守楚，駐皖城待發。守皖者，杜將軍弘域，於生為故人。寧南嘗奏酒，思得一異客，杜既已泄之矣。會兩人用軍，事不相中，念非生莫可解者，乃檄生至。進之，左以為此天下辯士，欲以觀其能，帳下用長刀遮客，引就席，坐客咸震懾失次。生拜訖，索酒，誂㖡諧笑，旁若無人者。左大驚，自以為得生晚也。居數日，左沉吟不樂，熟視生曰：「生揣我何念？」生曰：「得毋以亡卒入皖，而杜將軍不法治之乎？」左曰：「然。」生曰：「此非有君侯令，杜將軍不敢以專也。生請銜命矣。」馳一騎入杜將軍軍中，斬數人，乃定。左幕府多儒生，所為文檄，不甚中窾會。生故不知書，口畫便宜輒合。左起卒伍，少孤貧，與母相失，請貤封，不能得其姓，淚承睫不止。生曰：「君侯不聞天子賜姓事乎？此吾說書中故實也。」大喜，立具奏。左武人，即以為知古今、識大體矣。阮司馬懷寧，生舊識也，與左郤而新用事。生還南中，請左曰：「見阮云何？」左無文書，即令口報阮，以捐棄故嫌，圖國事於司馬也。生歸，對如寧南指，且約結還報。及聞阪磯築城，則頓足曰：「此示西備，疑必起矣！」後果如其慮焉。左喪過龍江關，生祠哭已，有迎且拜、拜不肯起者，則其愛將陳秀也。秀嘗有急，生活之。具為予言救秀狀。始左病恚怒，而秀所犯重，且必死。生莫得楮梧，乃設之以事曰：「今日飲酒不樂，君侯有奇物玩好，請一觀可乎？」左曰：「甚善。」出所畫己像二，其一《關隴破賊圖》也，覽鏡自照，歎曰：「良玉，天下健兒也，而今衰！」指其次曰：「吾破賊後，將入山，此圖所以志也。」見衲而杖者數童子，從其負瓢笠，且近，則秀也。生佯不省而徐睨為誰。左語之，且告其罪。生曰：「若負恩當死，顧君侯以親信，即入山且令自從，而殺之，即此圖為不全矣！」左頷之。其善用權譎，為人排患解紛率類此。初，生從武昌歸，以客將新道軍所來，朝貴皆傾動；顧自安舊節，起居故人無所改。逮江上之變，生所攜及留軍中者，亡散累千金，再貧困而意氣自如。或問之，曰：「吾在盱眙市上時，夜寒藉束槁臥，屝履踵決，行雨雪中，竊不自料以至於此。今雖復落，尚足為生，且有吾技在，寧渠憂貧乎？」乃復來吳中，每被酒，嘗為人說故寧

南時事，則歍歔灑泣。既在軍中久，其所談益習，而無聊不平之氣無所用，益發之於書，故晚節尤進云。

舊史氏曰：予從金陵識柳生。同時有楊生季蘅，故醫也，亦客於左，奏攝武昌守，拜為真。左因強柳生以官，笑弗就也。楊今去官，仍故業，在南中；亦縱橫士，與予善。

張山來曰：戊申之冬，予於金陵友人席間與柳生同飲。予初不識柳生，詢之同儕，或曰：「此即《梅村集》中所謂柳某者是也。」滑稽善談，風生四座，惜未聆其說稗官家言為恨。今讀此傳，可以想見其掀髯鼓掌時也。（卷二，第1～5頁）

九牛壩觀觝戲記（彭士望達生）

樹廬叟負幽憂之疾於九牛壩茅齋之下。戊午閏月除日，有為角觝之戲者，踵門告曰：「其亦有以娛公。」叟笑而頷之，因設場於溪樹之下。密雲未雨，風木泠然，陰而不燥。於是鄰幼生，周氏之族、之賓、之友戚，山者牧樵，耕者犁犢，行擔簦者，水浮楫者，咸停釋而聚觀焉。初則累重案，一婦人仰臥其上，豎雙足，承八歲兒，反覆臥起，或鵠立合掌拜跪，又或兩肩接足；兒之足亦仰豎，伸縮自如。間又一足承兒，兒拳曲如蓮花出水狀。其下則二男子、一婦、一女童與一老婦，鳴金鼓，俚歌雜佛曲和之，良久乃下。又一婦登場，如前臥，豎承一案，旋轉週四角，更反側背面承之。兒復立案上，拜起如前儀。兒下，則又承一木槌，槌長尺有半，徑半之，兩足員轉，或豎拋之而復承之。婦既罷，一男子登焉，足仍豎承一梯，可五級，兒上至絕頂，復倒豎穿級而下。叟憫其勞，令暫息，飲之酒。其人更移場他處，擇草淺平坡地，去瓦石。乃接木為橋，距地八尺許，一男子履其上，傅粉墨，揮扇雜歌笑，闊步坦坦，時或跳躍，後更舞大刀，迴翔其上。此戲吾鄉暨江左時有之，更有高丈餘者，但步不能舞。最後設軟索，高丈許，長倍之，女童履焉，手持一竹竿，兩頭載石如持衡，行至索盡處，輒倒步。或仰臥，或一足立，或傴行，或負竿行如擔，或時墜掛，復躍起。下鼓歌和之，說白俱有名目，為時最久，可十許刻。女下，婦索帕，蒙雙目為瞽者，番躍而登，作盲狀，東西探步，時跌若墜，復搖晃似戰慄，久之乃已；仍持竿，石加重，蓋其衡也。方登場時，觀者見其險，咸為股栗，毛髮豎，目眩暈，惴惴然惟恐其傾墜。叟視場上人，皆暇整從容而靜，八歲兒亦齋栗如先輩主敬，如入定僧。

此皆一誠之所至，而專用之於習，慘淡攻苦，屢蹉跌而不遷，審其機以應其勢，以得其致力之所在。習之又久，乃至精熟，不失毫芒，乃始出而行世，舉天下之至險阻者皆為簡易。夫曲藝則亦有然者矣。以是知至巧出於至平，蓋以志凝其氣，氣動其天，非鹵莽滅裂之所能效。此其意，莊生知之，私其身不以用於天下；儀、秦亦知之，且習之以人國戲，私富貴以自賊其身與名。莊所稱僚之弄丸、庖丁之解牛、傴僂之承蜩、紀省子之養雞，推之伯昏瞀人臨千仞之溪，足逡巡垂二分在外；呂梁丈人出沒於懸水三十仞，流沫四十里之間，何莫非是？其神全也。叟又以視觀者，久亦忘其為險，無異康莊大道中，與之俱化。甚矣，習之能移人也。

其人為叟言，祖自河南來零陵，傳業者三世，徒百餘人。家有薄田，頗苦賦役，攜其婦與婦之娣姒、兄之子、提抱之嬰孩，餬其口於四方，贏則以供田賦。所至江浙、兩粵、滇黔、口外絕徼之地，皆步擔，器具不外貸；諳草木之性，捃摭續食，亦以哺其兒。叟視其人，衣敝縕，飄泊羈窮，陶然有自樂之色，群居甚和適。男女五、六歲即授技，老而休焉，皆有以自給。以道路為家，以戲為田，傳授為世業。其肌體為寒暑風雨冰雪之所頑，智意為跋涉艱遠、人情之所儆怵摩厲。男婦老稚皆頑鈍，儇敏機利，捷於猿猱，而其性曠然如麋鹿。叟因之重有感矣：先王之教，久矣夫不明不作！其人自處於優笑巫覡之間，為夏仲御之所深疾，然益知天地之大，物各遂其生成，稗稻並實，無偏頗也。彼固自以為戲，所遊歷幾千萬里，高明巨麗之家，以迄三家一閈之邨市，亦無不以戲祀之，叟獨以為有所用。身老矣！不能事洴澼絖，亦安所得以試其不龜手之藥？託空言以記之。固哉，王介甫謂雞鳴狗盜之出其門；士之所以不至，不能致雞鳴狗盜耳。呂惠卿輩之諂諛，曾雞鳴狗盜之不若。雞鳴狗盜之出其門，益足以致天下之奇士！而孟嘗未足以知之；信陵、燕昭知之，所以收漿博屠者之用，千金市死馬之骨，而遂以報齊怨。宋亦有張元、吳昊，雖韓、范不能用，以資西夏。寧無復以叟為戲言也，悲夫！

　　張山來曰：此技即俗所謂「踹索」者。予嘗謂此等人必能作賊，有守土之責者，宜禁止之；縱不欲絕其衣食之路，或毋許入城，聽於鄉間搬演可耳。

　　前段敘事簡淨，後段議論奇闢，自是佳文！（卷二，第 22～25頁）

馬伶傳（侯方域朝宗）

馬伶者，金陵梨園部也。金陵為明之留都，社稷百官皆在，而又當太平盛世，人易為樂，其士女之問桃葉渡、遊雨花臺者，趾相錯也。梨園以技鳴者無論數十輩，而其最著者二，曰興化部，曰華林部。一日，新安賈合兩部為大會，遍徵金陵之貴客文人，與夫妖姬靜女，莫不畢集。列興化於東肆，華林於西肆，兩肆皆奏《鳴鳳》，所謂椒山先生者。迨半奏，引商刻羽，抗墜疾徐，並稱善也。當兩相國論河套，而西肆之為嚴嵩相國者曰李伶，東肆則馬伶。坐客乃西顧而歎，或大呼命酒，或移坐更近之，首不復東。未幾更進，則東肆不復能終曲。詢其故，蓋馬伶恥出李伶下，已易衣遁矣。馬伶者，金陵之善歌者也，既去，而興化部又不肯輒以易之，乃竟輟其技不奏，而華林部獨著。去後且三年，而馬伶歸，遍告其故侶，請於新安賈曰：「今日幸為開宴，招前日賓客，願與華林部更奏《鳴鳳》，奉一日歡。」既奏，已而論河套，馬伶復為嚴嵩相國以出。李伶忽失聲，匍匐前稱弟子。興化部是日遂凌出華林部遠甚。其夜，華林部過馬伶曰：「子，天下之善技也，然無以易李伶。李伶之為嚴相國至矣，子又安從授之而掩其上哉？」馬伶曰：「固然，天下無以易李伶，李伶即又不肯授我。我聞今相國某者，嚴相國儔也。我走京師，求為其門卒三年，日侍相國於朝房，察其舉止，聆其語言，久乃得之。此吾之所為師也！」華林部相與羅拜而去。馬伶名錦，字雲將，其先西域人，當時猶稱馬回回云。

侯方域曰：異哉，馬伶之自得師也！夫其以李伶為絕技，無所於求，乃走事某，見某猶之見分宜也。以分宜教分宜，安得不工哉？嗚呼！恥其技之不若，而去數千里為卒三年；倘三年猶不得，即猶不歸爾。其志如此，技之工又須問耶？

　　　張山來曰：予素不解弈，不解歌，自恨甚拙，因從學於人。雖
　　不能工，然亦自覺有入門處，乃知藝無學而不成者。觀馬伶事益信。

（卷三，第1～2頁）

冒姬董小宛傳（張明弼公亮）

董小宛名白，一字青蓮，秦淮樂籍中奇女也。……一時應制諸名貴咸置酒高宴。中秋夜，觴姬與辟疆於河亭，演懷寧新劇《燕子箋》。時秦淮女郎滿座，皆激揚歎羨，以姬得所歸，為之喜極淚下。

附：冒辟疆《影梅庵憶語》（選十五則）

秦淮中秋日，四方同社諸友，感姬為余不辭盜賊風波之險，間關相從，因置酒桃葉水閣。時在坐為眉樓顧夫人、寒秀齋李夫人，皆與姬為至戚，美其屬余，咸來相慶。是日新演《燕子箋》，曲盡情豔，至霍、華離合處，姬泣下，顧、李亦泣下。一時才子佳人、樓臺煙水、新聲明月，俱足千古。至今思之，不異遊仙枕上夢幻也。（卷三，第 8、11 頁）

寄暢園聞歌記（余懷澹心）

吳門徐生君見，以度曲名聞四方。與余善，著《南曲譜》，索余序。余為之序，有曰：南曲蓋始於崑山魏良輔云。良輔初習北音，絀於北人王友山；退而鏤心南曲，足跡不下樓十年。當是時，南曲率平直無意致，良輔轉喉押調，度為新聲，疾徐高下清濁之數，一依本宮，取字齒脣間，跌換巧掇，恒以深邈助其淒淚。吳中老曲師如袁髯、尤駝者，皆瞠乎自以為不及也。良輔之言曰：「學曲者移宮換呂，此熟後事也。初戒雜，毋務多。迎頭拍字，徹板隨腔，毋或後先之。長宜圓勁，短宜遒，然毋剽。五音依於四聲，毋或矯也。毋豔。」又曰：「開口難，出字難，過腔難，高不難低難，有腔不難無腔難。」又曰：「歇難，閣難。」此不傳之秘也，良輔盡泄之。而同時婁東人張小泉，海虞人周夢山，競相附和。惟梁溪人潘荊南獨精其技，至今云仍不絕於梁溪矣。合曲必用簫管，而吳人則有張梅谷，善吹洞簫，以簫從曲。毗陵人則有謝林泉，工擫管，以管從曲。皆與良輔遊，而梁溪人陳夢萱、顧渭濱、呂起渭輩，並以簫管擅名。蓋度曲之工，始於玉峰，盛於梁溪者，殆將百年矣。此道不絕如線，而徐生蹶起吳門，搴魏赤幟易漢幟，恨良輔不見徐生，不恨徐生不見良輔也。

徐生年六十餘，而喉若雛鶯靜女，松間石上，按拍一歌，縹緲遲回，吐納瀏亮，飛鳥遏音，遊魚出聽，文人騷客，為之愉悅，為之神傷。妙哉技至此乎？一日徐生語余曰：「吾老矣！恐不能復作少年狡獪事。得吾之傳者，乃在梁溪。今太史留仙秦公尊人以新公，所蓄歌者六七人是也。君倘遊九龍二泉間，不可不見此人，聞此曲。」余心識之久矣！庚戌九月，道經梁溪，適潁州劉考功公勇，擁大舫西門外，留余方舟，同遊惠山。而吳明府伯成、秦憲使補念、顧孝廉修遠及其子文學天石、朱公子子葆、劉處士震修皆在席。太史留仙則挾歌者六七人，乘畫舫，抱樂器，凌波而至。會於寄暢之園。於是天際秋冬，木葉微脫，循長廊而觀止水，倚峭壁以聽響泉。而六七人者，衣青紵衣，躡五絲履，恂恂如書生，綽約若處子，列坐文石，或彈或吹。須

臾，歌喉乍轉，累累如貫珠，行雲不流，萬籟俱寂。余乃狂叫曰：「徐生、徐生，豈欺我哉！」六七人者，各道姓名，斂袖低眉，傾其座客。至於笙笛三弦、十翻簫鼓，則授之李生。李生亦吳人。是夕分韻賦詩，三更乃罷酒。次日復宴集憲使家，六七人又偕來，各奏技。余作歌貽之，俾知徐生之言不謬。良輔之道，終盛於梁溪；而留仙父子，風流跌宕，照映九龍、二泉間者，與山俱高，與水俱清也！是為記。

　　　張山來曰：吳俗，於中秋夜，善歌者咸集虎丘石上，次第競所長，唯最後一人為最善。聽者止數人，不獨忘言，並不容贊。予神往久矣！今讀此記，益令我穆然以思，悠然以想也。（卷四，第8～10頁）

五人傳（吳肅公晴岩）

　　天啟朝，逆璫魏忠賢扇虐，諸卿大夫以忠直被刑戮，怨憤徹閭里，匹夫匹婦，髮豎心傷。然未有公然發憤，抗中貴、毆緹騎，不恤其身家之殞、惟義之殉，若蘇民之於吏部周公順昌者也。嘗讀《頌天臚筆》，及詢之吳父老，未嘗不擊節慨慕之云。

　　初，吏部負人望，謁告家居，時切齒朝事。令不便於民者，輒言之當事。蘇人德之。會都諫魏公大中被逮，所過州邑莫敢通。吏部輕舠候吳門，相持慟哭，罵忠賢不去口，為約婚姻，奉炙酒，累日乃去。璫聞之，怒。璫所私御史倪文煥，劾吏部黨奸人，削籍。蘇固已人人自儡矣。天啟六年，織造中使李實，以忠賢旨，復坐講學聚徒，與都御史高公攀龍、御史周公宗建、諭德繆公昌期、御史黃公尊素、李公應升，俱逮治。詔使至蘇，吏部慷慨自若。而蘇民無少長皆憤，五人其最烈云。五人者，曰顏佩韋，曰馬傑，曰沈揚，曰楊念如，曰周文元。佩韋賈人子，家千金，年少不欲從父兄賈，而獨以任俠遊里中。比逮吏部，郡人震駭罷肆。而詔使張應龍、文之炳者虐於民，民益怒，顧莫敢先發。佩韋於是爇香行泣於市，周城而呼曰：「有為吏部直者來！」市中或議，或詢，或泣，或切齒詈，或搏顙籲天，或卜筮占吉凶，或釀金為賑，或趣裝走京師撾登聞鼓，奔走塞巷衢，凡四日夜。洎宣詔，諸生王節、楊廷樞、文震亨、徐汧、袁徵等竊計曰：「人心怒矣。吾徒當為謁兩臺，以釋眾怒。」又謂父老毋過激，激祗益重吏部禍。父老皆曰：「諾！」乃相與詣西署，將請於巡撫、都御史。巡撫者毛一鷺，璫私人也。是日，吏部囚服，

同吳令陳文瑞由縣至西署，佩韋率眾隨之，而馬傑亦已先擊柝呼市中，從者合萬餘人。會天雨，陰慘晝晦，人拈香如列炬，衣冠淋漓，履屐相躪，泥淖沒脛骭。吏部昇肩輿，眾爭弔吏部，枳道不得前。吏部勞苦諸父老。佩韋等大哭，聲震數里。移時抵西署，署設幃幕儀仗。應龍與諸緹騎立庭上，氣張甚，最下陳銀鐺鈕鐐諸具，眾目屬哽咽。節、震亨等前白一鷺及巡按御史徐吉曰：「周公人望，一旦以忤璫就逮，禍且不測。百姓怨痛，無所控告。明公天子重臣，盍請釋之以慰民乎？」一鷺曰：「奈聖怒何？」諸生曰：「今日之事，實東廠矯詔。且吏部無辜，徒以口舌賈禍。明公剴切上陳，幸而得請，吏部再生之日，即明公不朽之年。即不得請，而直道猶存天壤，明公所獲亦多矣！」一鷺周張無以對，而緹騎以目相視，耳語謂「若輩何為者？」訝一鷺不以法繩之。而楊念如、沈揚兩人者，攘臂直前，訴且泣曰：「必得請乃已！」念如故閶門鬻衣人，揚故牙儈，皆不習吏部，並不習佩韋者也。匐伏久之，麾之不肯起，緹騎怒叱之。忽眾中聞大聲罵「忠賢逆賊、逆賊！」則馬傑也。緹騎大驚曰：「鼠輩敢爾！速斷爾頸矣！」遂手銀鐺，擲階舂然，呼曰：「囚安在？速檻報東廠！」佩韋等曰：「旨出朝廷，顧出東廠耶？」乃大嘩。而吏部輿人周文元者，先是聞吏部逮，號泣不食三日矣，至是躍出直前奪械。緹騎笞之，傷其額，文元憤，眾亦俱憤，遂起擊之炳。之炳跳，眾群擁而登，欄楯俱折，脫屐擲堂上，若矢石落。自緹騎出京師，久驕橫，所至凌轢，郡邑長唯唯俟命。蘇民之激，愕出不意，皆踉蹌走。一匿署閣，緣桷，桷動，驚而墮，念如格殺之。一踰垣僕淖中，蹴以屐，腦裂而斃。其匿廁中、翳荊棘者，俱搜得殺之。一鷺、吉皆走匿。王節等知事敗，而當眾氣方張時，即欲前諭止不可得。諸父老練事者，亦旋悔，稍稍散。是日也，緹騎之逮御史黃公尊素者，適舟次胥江，掠於郭，執市人撻之。郭人聞城中之毆緹騎也，亦毆之，焚其舟，擠水中。次日雨霽，鄉大夫素服謁兩臺，策所以救地方，而一鷺則夜已密書飛騎白東廠，且草疏告變矣。檄下縣曰：「誰為聲柝聚眾者？誰為爇香號泣者？誰為驍雄賈勇、黨罪囚而戕天使者？必悉誅無赦！」始，眾以吏部故，用義氣相感發，五人一呼，千百為群；聞捕誅，稍稍懼。五人毅然出自承曰：我顏佩韋，我馬傑，我沈揚，我楊念如，我周文元。俱就係，曰：「吾儕小人，從吏部死，死且不朽！」及吏部死詔獄，五人亦斬於吳市，談笑自若。先刑一日，暴風雨，太湖水溢，而廣陵人則言文煥家居晝坐，忽忽見五人嚴裝仗劍，旌旆導吏部來，忽不見。庭井石闌，飛起舞空中，

良久乃墮，聲轟如雷。明年，烈皇帝即位，忠賢伏誅，吏部子茂蘭刺血上冤狀。詔恤吏部，誅文煥。蘇士大夫即所夷瑠祠廢址，哀五人身首，合葬而豎石表之，至今稱「五人之墓」云。

街史氏曰：奄寺之禍，古有弒君覆國者矣。而何物魏逆，威焰所愒，俾率土靡然。廉恥道喪，振古為極矣！向使中朝士大夫悉五人者，則肆諸市朝何有哉？五人姓名具而「人」之，無亦以人道之所存，不於彼而於此歟？

張山來曰：此百年來第一快心事也。讀竟，浮一大白。（卷六，第12～16頁）

沈孚中傳（陸次云云士）

沈嶸，字孚中，居武林北墅。不修小節，越禮驚眾。作填詞，奪元人席。好縱酒，日走馬蘇、白兩堤。髯如戟，衿未青，不屑意也。崇禎某年，當九日，攜酒持螯，獨上巾子峰頭，高吟浮白。有僧濡筆竊記其一聯云：「有情花笑無情客，得意山看失意人。」為之叫絕。拉歸精舍，痛飲達旦。家人覓至，曰：「今邑試，郎君何不介意耶？」嶸方醉睞未開，履無詳步，扶入試院，則已几席縱橫，置足無地。嶸乃積墨廣硯，立身高級，大書《登高詞》於粉壁之上。其首闋曰：「萬峰頂上，險韻獨拈糕。撐傲骨，與秋鏖。天涯誰是酒同僚？面皮雖老。盡生平受不起青山笑。難道他辟英雄一紙賢書，到做了禁登高三寸封條。」題畢而下，有拍其肩狂叫者曰：「我得一賢契矣！」嶸視之，則令也，潛視其後良久矣。令宋姓，兆和名，字禧公，雲間名士，不屑為俗吏態者。把嶸臂曰：「昔賀監遇李白，為解金龜當酒。我雖遠遜知章，君才何異太白！此日之事，今古攸同，盍拈是題，與君共填散曲，志奇遇乎？」嶸曰：「善！」令未成而嶸脫稿，更復擊節，擢之冠軍，薦之學使者，補弟子員，聲譽大起。嗣是非令醉嶸，即嶸醉令，交誼既狎，略師生而爾汝，更冠易服，戲樂不羈。嶸弟有訟，對簿於令，令佯為研鞫。嶸躍出廳事，大呼曰：「錯矣，錯矣！」令拂袖起。事聞直指，以白簡斥令，令恬然勿怨也。明鼎既移，閣部馬士英卷其殘旅，遁跡西陵。嶸往談兵，士英偽為壯語云：「當背城決勝。」嶸馳歸語里人曰：「此地頃為戰場矣。」里人群嘩曰：「丞相宵奔，將軍夜遁，誰能任戰，欲殃吾民？」爭擊斃嶸，燒其著書，所存者，獨《息宰河》《綰春園》傳奇二種。《綰春園》尤為詞場稱豔云。

陸次雲曰：余童子時，嘗從道中見孚中策騎過，有河朔少年風。及長，讀

其詞而歎其死。語云：「凡人之死，有重於泰山，輕於鴻毛者。」孚中之死，鴻毛耶，泰山耶？吾烏能論定之。

　　　　張山來曰：文人不諳世務，是以為世所輕，稍不得意，輒作不平鳴。若止觀其文，誠足令人敬之愛之。甚矣，全才之難也！（卷十，第10～11頁）

曼殊別志書磚（毛奇齡大可）

　　曼殊，豐臺賣花翁女。……（曼殊之死，京朝爭作挽弔，自梁司農夫子，暨張、曹諸學士下，詩詞文賦，不可勝紀。又有作鼓子詞，同韻唱和成帙，如雲間李穆、李榛、顧士元、馬左，西泠何源長，魏里周珂，同郡成肇璋、達志、金振甲、馬會嘉、王麟游、陶簹、劉義林諸君，至同館生，有託碧虛仙史，作《盆中花》雜劇者，皆匯載別集。）（卷十三，第7頁）

李姬傳（侯方域朝宗）

　　李姬者，名香，母曰貞麗。貞麗有俠氣，嘗一夜博，輸千金立盡。所交接皆當世豪傑，尤與陽羨陳貞慧善也。姬為其養女，亦俠而慧，略知書，能辨別士大夫賢否。張學士溥、夏吏部允彝亟稱之。少風調皎爽不群；十三歲，從吳人周如松受歌。玉茗堂四傳奇，皆能盡其音節；尤工《琵琶》詞，然不輕發也。雪苑侯生己卯來金陵，與相識。姬嘗邀侯生為詩，而自歌以償之。

　　初，皖人阮大鋮者，以阿附魏忠賢論城旦，屏居金陵，為清議所斥。陽羨陳貞慧、貴池吳應箕實首其事，持之力。大鋮不得已，欲侯生為解之，乃假所善王將軍，日載酒食與侯生遊。姬曰：「王將軍貧，非結客者。公子盍叩之？」侯生三問，將軍乃屏人述大鋮意。姬私語侯生曰：「妾少從假母識陽羨君，其人有高義，聞吳君尤錚錚。今皆與公子善，奈何以阮公負至交乎？且以公子之世望，安事阮公？公子讀萬卷書，所見豈後於賤妾耶？」侯生大呼稱善。醉而臥，王將軍者殊怏怏，因辭去，不復通。未幾，侯生下第，姬置酒桃葉渡，歌琵琶詞以送之，曰：「公子才名文藻，雅不減中郎。中郎學不補行，今琵琶所傳詞固妄，然嘗昵董卓，不可掩也。公子豪邁不羈，又失意，此去相見未可期，願終自愛，無忘妾所歌琵琶詞也。妾亦不復歌矣！」

　　侯生去後，而故開府田仰者，以金三百鍰邀姬一見。姬固卻之。開府慚且怒，且有以中傷姬。姬歎曰：「田公寧異於阮公乎？吾向之所贊於侯公子者謂何？今乃利其金而赴之，是妾賣公子矣！」卒不往。

　　張山來曰：吾友岸堂主人作《桃花扇》傳奇，譜此事，惜未及
琵琶詞。豈以其詞不雅馴，故略之耶？（卷十三，第23～24頁）

因樹屋書影（周亮工緘齋）

　　海鹽有優者金鳳，少以色幸於嚴東樓。東樓晝非金不食，夜非金不寢也。
嚴敗，金亦衰老，食貧里中。比有所謂《鳴鳳記》，金復塗粉墨，身扮東樓矣。
近阮懷寧自為劇，命家優演之。懷寧死，優兒散於他室。李優者，但有客命為
懷寧所撰諸劇，輒辭不能，復約其同輩勿復演。詢其故，曰：「阿翁姓字，不
觸起，尚免不得人說。每一演其撰劇，座客笑罵百端，使人懊惱竟日，不如辭
以不能為善也。」此優勝金優遠矣！不知懷寧地下何以見此優？（卷十六，第
9頁）

戴名世

戴名世（1653～1713），字田有，又字褐夫，號憂庵，別號藥身，安徽桐城人。清康熙四十八年（1709）進士，授翰林院編修。以《南山集》為左都御史趙申喬所劾，坐狂妄悖逆死，連坐者數百人。

一、據臺灣《筆記小說大觀》所收一卷本《乙酉揚州城守紀略》輯錄。

阮大鋮用事*

是時，馬士英方弄權納賄，阮大鋮、張孫振用事，日相與排斥善類，報私仇，漫不以國事為意。史公奏請皆多所牽掣，兵餉亦不以時發。南北東西，不遑奔命。國事已不可為矣。（第 10 編，第 2550 頁）

二、據黃山書社 1990 年版點校本《憂庵集》輯錄。

金陵面具*

金陵人善為面具。面具者，糊紙為鬼魅之面，優人及小兒輩所用為戲者也。（第 19 頁）

崑腔*

優人之演戲者，其初有二種盛行於世，曰弋陽腔，曰海鹽腔，其聲音無從容之節，而排場亦鄙俚。自成化後，崑山人魏良輔創為崑腔，以絲竹管絃應人之音，每一字必曳其聲使長，從容曲折，悉叶宮商，其排場亦雅。於是，弋陽、海鹽僅為田野人之所好而已。崑腔之於生旦，尤重其選。旦則擇少年子弟之秀者為之，扮為婦女，態度纖穠，宛轉嬌媚，人多為所蠱惑。於是蘇

州聲色之名甲天下，近日納妾者必於是焉，買優人者必於是焉。幼男之美者，價數十金至數百金；女子之美者，價數百金至千餘金。父母利其多金，且為媒妁所誘，遂不顧其遠去。計之四十年以來，北行者何啻數萬。妖冶之風盛，骨肉之恩薄，其中仳儷失所者亦不少，其故始於崑腔。古人戒奇器淫巧之作，豈徒然哉！（第 31 頁）

周思仁

周思仁（1656～1739），原名夢顏，字安士，號懷西居士，江蘇崑山（今屬蘇州市）人。居士，博通經藏，深信淨土法門。（李峰、湯鈺林編著：《蘇州歷代人物大辭典》，上海辭書出版社 2016 年版，第 596 頁）

茲據清同治三年（1864）邗江熊氏重刻三卷本《欲海回狂集》輯錄。

金聖歎

江南金聖歎者，名喟。博學好奇，才思穎敏，自謂世人無出其右。多著淫書，以發其英華。所評《西廂》《水滸》等，極穢褻處，往往摭拾佛經，人服其才，徧傳天下。又著《法華百問》，以己見妄測深經，誤天下耳目。順治辛丑，忽因他事繫獄，竟論棄市。

原本作荊某，諱之也。今則久遠矣。特為訂正。（姑蘇盛傳）（卷一，第 2頁）

居家門

杜邪第一：梨園不許入門。……家教第四：不許觀燈、看戲、遊春。……遠慮第八：不藏戲文小說、美女圖像、樂器。（卷二，第 3～5 頁）

廣戒門

言語第三：乍見游女，不以告人；不言某處劇戲。……出外第五：不赴娼優席。不遊春。（卷二，第 6～7 頁）

徐昂發

徐昂發（1662～1732），字大臨，號絅庵，江蘇崑山人。清康熙三十九年（1700）進士，改翰林院庶吉士，散館授編修。充福建鄉試副考官，遷提督江西學政。詩酒自豪，工駢文。（李峰、湯鈺林編著：《蘇州歷代人物大辭典》，上海辭書出版社 2016 年版，第 800 頁）

茲據清康熙間桂森堂刻四卷本《畏壘筆記》輯錄。

漢大儺侲子和辭

甲作食㐫，胇胃食虎，雄伯食魅，騰簡食不祥，攬諸食咎，伯奇食夢，強梁、祖明共食磔死寄生，委隨食觀，錯斷食巨，窮奇、騰根共食蠱。凡使十二神追惡凶，赫女軀，拉女幹，節解女肉，抽女肺腸。女不急去，後者為糧！（范史《禮儀志》。大儺逐疫，百官赤幘陛衛。黃門令奏曰：「侲子備，請逐疫。」於是中黃門唱，侲子和云云。因作方相與十二獸舞。歡呼，周遍三過，持炬火，逐疫出。）

（卷三，第 23 頁）

河滿子

《河滿子》歌，白樂天注云：滄州歌者河滿子臨刑，進曲以贖死。上竟不免。元微之詩云：「梨園弟子奏玄宗，一唱承恩羈網緩。便將河滿為曲名，御譜親題樂府纂。」元、白同時，又最交好，其說乃不同如此，未詳孰是。（卷四，第 18 頁）

叄撾

《禰衡傳》注，臣賢案：叄撾是擊鼓之法。而王僧孺詩云：「散度廣陵音，叄寫漁陽曲。」自音云：叄音七紺反。後諸文人多同用之。據此詩意，叄為曲奏之名，則撾字入於下句，全不成文。下云「叄撾而去」，足知「叄撾」二字當相連而讀。叄字音為去聲，不知何所憑也。叄，七甘反。《日知錄》但引王僧孺、庾信、李頎等詩，而云「正七紺反」；未及辨正其非，所未解也。（卷四，第 19 頁）

度曲

班史：元帝自度曲。瓚曰：度曲，歌終更授其次，謂之度曲。張衡《舞賦》曰：「度終復位，次授二八。」應劭曰：自隱度作新曲，因持新曲以為歌詩聲也。師古曰：二說皆是也。度音大各反。愚案：瓚說恐尚未安。《玉篇》：「度，又過也。」度曲者，或當如應說，謂自作新曲而自歌之，以次終其曲也。即如張平子賦語，亦云度終復位，明言度曲既終，然後更授其次。則度字當作唐故切，即次授之義；亦當為唐故音，不得音大各反。惟應說乃得音大各反耳。恐顏說亦未必盡然也。（卷四，第 20 頁）

郎廷極

郎廷極（1663～1715），字紫衡，號北軒，原籍廣寧（今遼寧北鎮市）人。漢軍鑲黃旗，官至江西總督。（張撝之、沈起煒、劉德重主編：《中國歷代人名大辭典》下冊，上海古籍出版社 1999 年版，第 1601 頁）

茲據《四庫存目叢書》所收十八卷本《勝飲編》輯錄。

促拍催酒

〔宋〕張表臣曰：樂部中有促拍催酒，謂之三臺。唐士云：蔡邕自侍書御史，不數日徧歷三臺，樂工以其洞曉音律，故製曲以美之。山谷詩「飲少先愁急板催」，歐詞「六么催拍琖頻傳」。（卷八《政令》，子部第 154 冊，第 642 頁）

拋球樂

《曲譜》：《拋球樂》者，酒筵中拋球為令，其所唱之辭也。（卷八《政令》，子部第 154 冊，第 643 頁）

舞鬍子

《朝野僉載》：北齊蘭陵王為舞鬍子；每會飲，王意所欲勸，鬍子則捧杯揖之。（卷八《政令》，子部第 154 冊，第 645 頁）

張廷玉

張廷玉（1672～1755），字衡臣，號研齋、澄懷主人，安徽桐城（今屬安慶市）人。清康熙三十九年（1700）進士，改庶吉士，散館授檢討，入直南書房，歷仕康、雍、乾三朝，位極人臣。諡文和。

茲據清乾隆間刻四卷本《澄懷園語》輯錄。

觀劇徒費*

聰訓齋語曰：余性不愛觀劇，一席之費，動踰數十金，徒有應酬之勞，而無酣適之趣。不若以其費濟困賑急，為人我利溥也。余六旬之期，老妻禮佛時，念及誕日例當設梨園，宴親友。吾家既不為此，胡不將此費製綿衣袴以施道路飢寒之人乎？次日為余言，笑而許之。……先公之垂訓如此。玉生平亦不愛觀劇，蓋天下之樂，莫樂於閒且靜。果能領會此二字，不但有自適之趣，即治事讀書，必志氣清明，精神完足，無障礙虧缺處。若日事笙歌喧嘩，雜沓神智，漸就昏惰，事務必至廢弛，多費又其餘事也。至於畜優人於家，則更不可。此等輕儇佻達之輩，日與子弟家人相處，漸染仿傚，默奪潛移，日流於匪僻，其害有不可勝言者。余居京師久，見富貴家之畜優人者，或數年，或數十年，或一再傳，而後必至家規蕩棄，生計衰微，百不爽一。嗚呼！人情孰不為子孫計，而乃圖一時之娛樂，貽後人無窮之患，不亦重可歎哉！（卷二，第14頁）

王應奎

王應奎（1684～1757），字東漵，號柳南，江蘇常熟（今屬蘇州市）人。諸生，鄉試屢不售，退隱山居。（李峰、湯鈺林編著：《蘇州歷代人物大辭典》，上海辭書出版社 2016 年版，第 52 頁）

一、據守山閣刊六卷本《柳南隨筆》輯錄。

徐復祚*

徐復祚，字陽初，號曇竹，大司空栻之孫。博學能文，尤工詞曲。某宗伯題其小令，以高則誠為比。傳奇若《紅梨》《投梭》《祝髮》《宵光劍》《一文錢》《梧桐雨》諸本，至今流傳於世，然不知其為陽初作也。又嘗仿陶九成《輟耕錄》作《邨老委談》，原本三十六卷，今所存者六卷而已。余悲陽初有如許著作，而身歿之後，遺書散佚，名字翳然。文人之傳與不傳，洵有命在，千秋萬歲，子美所以致歎於寂寞也。會己酉歲昭文修邑乘，予為言於陳君亦韓（祖範），載入《文苑傳》中。（卷一，第 3 頁）

虯鬚客*

張說有《虯鬚客傳》。「鬚」字，今本誤刻為「髯」。按楊彥淵《筆錄》云：「口上曰髭，頤下曰鬚，上連鬢曰髯，在耳頰旁曰髯。」「髯」之不得混「鬚」也明矣。《三國志·崔琰傳》注云：「琰為徒，虯鬚直視，心似不平。」此「虯鬚」二字之始。又老杜《八哀詩》「虯鬚似太宗」，《酉陽雜俎》「太宗虯鬚，常戲張掛弓矢」，《南部新書》「太宗文皇帝虯鬚，上可掛一弓」。蓋「虯鬚」二字之有本如此。若「虯髯」，則吾於書史中未之見也，安得妄為改易乎？考

其謬，始於《紅拂》傳奇。流俗之承訛，蓋其來久矣。（卷一，第27頁）

虞山二絕*

徐錫允，字爾從，廉憲待聘之子。文虹，其自號也。家畜優童，親自按樂句指授，演劇之妙，遂冠一邑。詩人程孟陽為作《徐君按曲歌》，所謂「九齡十齡解音律，本事家門俱第一」，蓋紀實也。時同邑瞿稼軒先生以給諫家居，為園於東皋，水石臺榭之勝，亦擅絕一時。邑人有「徐家戲子瞿家園」之語，目為「虞山二絕」云。（卷二，第2頁）

金人瑞*

金人瑞，字若采，聖歎其法號也。少年以諸生為遊戲具，補而旋棄，棄而旋補，以故為郡縣生不常。性故穎敏絕世，而用心虛明，魔來附之。某宗伯《天台泐法師靈異記》所謂「慈月宮陳夫人，以天啟丁卯五月降於金氏之乩者」，即指聖歎也。聖歎自為乩所憑，下筆益機辨瀾翻，常有神助。然多不軌於正，好評解稗官詞曲，手眼獨出。初批《水滸傳》行世，崑山歸玄恭（莊）見之曰：「此倡亂之書也！」繼又批《西廂記》行世，玄恭見之，又曰：「此誨淫之書也！」顧一時學者愛讀聖歎書，幾於家置一編。而聖歎亦自負其才，益肆言無忌，遂陷於難，時順治十八年也。初，大行皇帝遺詔至蘇，巡撫以下大臨府治。諸生從而訐吳縣令不法事，巡撫朱國治方昵令，於是諸生被繫者五人。翌日，諸生群哭於文廟，復逮繫至十三人，俱劾大不敬，而聖歎與焉。當是時，海寇入犯江南，衣冠陷賊者，坐反叛，興大獄，廷議遣大臣即訊，並治諸生。及獄具，聖歎與十七人俱傅會逆案坐斬，家產籍沒入官。聞聖歎將死，大歎詫曰：「斷頭，至痛也；籍家，至慘也！而聖歎以不意得之，大奇！」於是一笑受刑。其妻若子，亦遣戍邊塞云。（卷三，第5頁）

詞曲不可入詩*

王實甫《西廂記》、湯若士《還魂記》，詞曲之最工者也。而作詩者入一言半句於篇中，即為不雅，猶時文之不可入古文也。馮定遠嘗言之，最為有見。此亦不可不知。（卷三，第23頁）

作詩毋採曲語*

又，《牡丹亭》詞曲有「雨絲風片」之語，而新城《秦淮雜詩》中用之，

亦是一敗闕。嘗聞康熙間雁門有盧制府者，以限韻《春闈》題，屬諸名士賦之，而傅徵君青主（山）、李太史天生（因篤）以蓋頭「雨絲風片」「煙波畫船」為曲中語，遂一笑而罷。夫詞曲不可入詩，予前已言之。觀於傅、李兩公而鄙言益信。然則新城《秦淮》之作，其亦難免後人之指謫矣。（卷五，第25頁）

演《長生殿》*

康熙丁卯、戊辰間，京師梨園子弟以內聚班為第一。時錢塘洪太學昉思（昇）著《長生殿》傳奇初成，授內聚班演之。聖祖覽之稱善，賜優人白金二十兩，且向諸親王稱之。於是諸親王及閣部大臣，凡有宴會，必演此劇，而纏頭之賞，其數悉如御賜，先後所獲殆不貲。內聚班優人因告於洪曰：「賴君新制，吾輩獲賞賜多矣！請開筵為君壽，而即演是劇以侑觴。凡君所交遊，當延之俱來。」乃擇日治具，大會於生公園。名流之在都下者，悉為羅致，而不及吾邑趙□□□。時趙館給諫王某所，乃言於王，促之入奏，謂是日係皇太后忌辰，設宴張樂，為大不敬，請按律治罪。上覽其奏，命下刑部獄，凡士大夫及諸生，除名者幾五十人，益都趙贊善伸符（執信）、海寧查太學夏重（嗣璉）其最著者也。後查以改名慎行登第，而趙竟廢置終其身。（卷六，第24～25頁）

二、據守山閣刊四卷本《柳南續筆》輯錄。

服御類優

阮大鋮巡師江上，衣素蟒，圍碧玉，見者詫為梨園裝束。某尚書家姬冠插雉羽，戎服騎入國門，如昭君出塞狀，大兵大禮，而變為倡優排演場，苟非國之將亡，亦焉得有此舉動哉？（卷一，第18頁）

姚世錫

姚世錫（1689？～1761後），號繭廬，浙江歸安（今屬湖州市）人。清乾隆十六年（1751），寓居揚州梵覺寺，追憶往事，寫成《前徽錄》一書。（《前徽錄》自序）

茲據清歸安姚氏刊一卷本《前徽錄》輯錄。

凌義渠*

凌忠介公義渠，秉性忠良。十餘歲時即正容厲色，不苟言笑。至戚有位通顯者，晨起著朝衣。公睨視於旁。顯者舉腰玉笑示之，曰：「子他日得有此帶否？」公答曰：「此男兒分內事，烏足誇貴，在白玉無瑕耳。」蓋顯者倚貂璫為奧援，公以此諷之。其志不凡如此。從父師觀梨園演《浣紗》。父師以句踐事吳題，命為文。劇未終而就。即今《慶曆小題》中所傳名作。崇禎朝位至大廷尉，甲申國亡殉難，為我郡第一名臣。

　　　　汪注：凌義渠，字駿甫，號茗柯。天啟乙丑進士，大理寺卿。
宏光時贈刑部尚書，諡忠清。本朝賜忠介。（第14頁）

談九乾*

談末庵先生，康熙丙辰進士。歷官至吏部文選司郎中。先生博學能詩文，尤工行草書。倜儻不羈，意氣豪邁，極好談諧。每發一語，合座為之傾倒。筮仕沙河令，政績卓然，報最入銓部選，人無壅滯者。徒以才氣凌人，為儕輩擠排，落職林下三十餘年，極詩酒友朋之樂。甲申十月，先中翰公四十誕辰，先生不遠百里，扁舟來祝。先生為中翰公父執尊行，端席奉欸，演玉茗堂《邯鄲

夢》劇終，先生掀髯大笑曰：「富貴浮雲，誠如斯夢。惟懷中幼子難忘情耳。」先中翰謂，先生晚年亦有庶出之子，尚在襁褓，故清〔情〕見乎辭。及先中翰公見背，先生又親來弔奠。前輩篤於世誼如此。

> 汪注：談九乾，德清縣人，字震方。乙卯舉人，丙辰進士，吏部郎中。（第 26 頁）

費金吾*

費曉亭先生，風山公之叔子，康熙癸酉孝廉，歷官至湖北巡撫。先生守永昌。丁外艱歸里，既除服，將赴補。一日大開筵宴，徧召故舊。錫世譜子侄，亦辱見招。演玉茗堂全本《還魂記》，午後入座，直至次日巳刻乃罷。賓主酬酢，極歡盡醉。嗣後宦成而歸者，不復見此盛舉矣。

> 汪注：費金吾，字曉亭，之遠子，湖北巡撫。（第 27 頁）

張韜子嗣*

張權六先生，海鹽硤石人，由明經秉我郡程邑鐸，歷官休寧令。先生風雅能文，長於書法，善豪飲，與先中翰公交忘形。先生初艱於嗣，抱養他姓子。晚年乃得少子養存，恐不及見其成立，時懷隱憂。及官休寧，有程庠舊友王葉飛過訪。其時先岳吳清峙先生亦在署中，見先生迎葉飛入，欣欣有喜色。越數日，盛設欵先岳及葉飛。酒半，先生麼額謂先岳曰：「僕之家事，君所稔知，三尺孤將安託？不早計，他日為几上肉矣。王君生平極重然諾，有愛女。僕將聘為少子婦，即以貌孤彙之，敢煩長者牽紅絲，成百年好，感且不朽。」於是先岳執柯，筮吉定盟。先生出橐金三千兩授葉飛，曰：「小子母子之命，咸藉是以延。君其好為之。」葉飛攜金歸，為置田宅。先生歿後，迎養存母子來湖，卵翼教誨，實不負死者之託。養存天性聰慧，美如冠玉，幽靜如處子。年十二三，即有文名；未弱冠，補博士弟子員，試輒拔前茅。人皆慶權六先生有子，不日定為玉堂人物。及贅入王氏，伉儷極相得。或謂葉飛自受金日，即生覬覦。此鍛鍊羅織之言也。惟是田宅契券俱書賣到於王，養存成立而不歸之，納賦戶名久不更正，似可疑耳。葉飛有子曰講田，貪狠暴戾，虎視於旁，惟恐養存有荊州之索。未幾，王氏夭。續婚戴氏，滄若先生之女、素存計人之胞妹也。斯時，葉飛秉鐸禾中，養存卜居於西門外之龍泉渡口，朝夕薪水取給於王，反若仰食於外家者。養存母子不無後言。講田則如取如攜，忘乎其為張氏之物。聞養存有憾，謀愈急。忽一日，要養存於途，抵家，扃前後門，大聲謂養存曰：

「若翁所遺之千金皆國帑，本應呈之官，因子年幼乏食，姑隱忍。若母子十數年來陸續支用殆盡，可即書一收票，以完前案。否則，惟有白刃相加耳！」養存出不意，號泣哀求，堅不肯握管。講田拳棒交下，區區弱質，何堪遭此毒手。不得已，先書五百金一紙，弗允。又書三百金一紙，欲仍未滿。講田入內取紙，必欲再書千金。養存乘間負痛踰垣而逃。講田追至渡口，失足墮水，乃得奔歸。遍體受傷，不能吐一辭。母妻哭詢，張目曰：「王講田逼寫收票被毆，我死，為我索命。」言畢氣絕，究未知收票寫否。姑媳婦呼天號泣而已。同人聞此異變，後先往哭，亦無從知收票之寫否。余與養存交最厚，不勝忿恨。講田為我毅齋從父之長婿、帆若從弟之胸姊婿。余遂往訊帆若，見渠舉止倉皇，謂余曰：「初不料講田作此喪心事，將奈何？」因出二收票示余，一素紙，一紅箋，皆有淚痕血跡，而見收則列姚帆若一人。余曰：「此禍將及我弟矣。」帆若曰：「何故？」余曰：「子列見收，非同謀而何！況收票在子手，何辭置辯？」帆若曰：「我未畫押，姊自攜票來我家耳。」余曰：「計惟有速將二票呈於官，庶不為池魚林木也。」使帆若果從吾言，則凶徒以謀殺論，立決抵命，可少慰養存於地下矣。乃帆若既不忍首，而原詞主稿者與葉飛有舊，但曰口角鬥殺，無一字及謀財害命。講田之得保首領，皆此一詞之力。既而同人慫予指證收票，予曰：「投鼠忌器，是欲殺我弟也。烏乎可？」於是同人中有口紹庭、馮馭周、沈邌求、戴計人，奮袂而出曰：「我四人某日遇帆若於渡，詢及收票，伊云有諸。此語可質公庭。」遂聯名上控，直至撫軍屠公案下，將加三木於帆若。此時帆若自為計，不得不以死抵賴，號泣爭辯，曰：「四人詢問，時但對以『若有收票，當令取出』，未言實有。四人誤聽，並忘卻『若有』二字耳。」撫軍見所辯近理，不復窮詰凶徒，竟以醉後口角，鬥毆釀命，擬秋後決。世廟登極，援赦出獄。戴氏懷三月娠，視養存殮畢，吞金殉節。權六先生竟絕嗣。嗚呼，慘哉！葉飛被劾，逐歸鄉里，無齒及者。又十餘年，祖孫、父子於百日內相繼死盡。天之報施仍不爽。余因述權六先生風雅前徽，追痛養存之死。牽連書之，非欲揚人之惡也。

　　　　汪注：權六名韜，《府志》「學職表」失載。　養存名翼。　帆
　若即世鏢。　張翼妻，戴浩女。見《府志》「列女」。（第33～35頁）
　　編者案：張韜，字權六，一字球仲，號紫微山人，浙江海寧人。清代戲曲家，續明代徐渭《四聲猿》作雜劇四種，即《杜秀才痛哭霸亭廟》《戴院長神行薊州道》《王節使重續木蘭詩》《李翰林醉草清平調》。

徐　昆

徐昆（1691～1761），字國山，江蘇毗陵（今常州市）人。清乾隆十二年（1747）任寧海州州同。（江慶柏編著：《清代人物生卒年表》，人民文學出版社 2005年版，第 638 頁；張維驤編纂《清代毗陵名人小傳稿》卷三）

茲據臺灣《筆記小說大觀》所收二卷本《遯齋偶筆》輯錄。

紀夢

康熙辛卯，余年二十一，始應江寧試。是年上元夜，夢結束作客裝入旅邸。未就食，旋有客突入邸，戟鬚短衣，手挈鞭褥，腰懸青布囊，如俗劇所演虯髯公者。（卷下，第 14 編，第 6339 頁）

千金買笑

吾鄉白大司馬，為明季本兵二舍。某素驕貴，藉溫者無算。性豪舉，立散千金不惜。一日謂其客曰：「吾欲舉一事，使千人皆笑。能之乎？」一客應曰：「能。」立與千金。客乃先期至蘇，榜於通衢，云：「某月日，常州白公子在虎邱千金賣笑。」姑蘇人咸異之。數日前，觀者群集，見千人座前，高結綵樓，梨園子弟演劇，徧詢買笑之具，不知所謂。至日，遊人益眾。日中止劇，白公子盛服騶從至，顧客曰：「可乎？」客曰：「可矣。」乃令人舁小方櫃數百，上覆紅毯，置千人座上。須臾悉去其毯，皆鐵肆中所用風箱，而缺其上板。觀者駭然。乃令人齊扇箱。箱中悉添金箔，乘風飆舉，如蝴蝶飛舞。頃刻間，滿山皆成黃金。觀者大笑，白公子亦大笑。（卷下，第 14 編，第 6362 頁）

厲 鶚

厲鶚（1692～1752），字太鴻，一字雄飛，號樊榭，別署南湖花隱、西溪漁者，浙江錢塘（今杭州市）人。性拙率，工詩詞及元人散曲，與同里丁敬身同學，時有丁、厲之目。入衢南，嘗仰視搖首，構思不輟。清康熙庚子（五十九年，1720）舉人，乾隆丙辰（元年，1736）舉博學鴻詞。鶚詩喜用僻事，時人傚之，謂之「浙派」。年六十無子，主政為之割宅蓄婢，後死於鄉。著有《遼史拾遺》《宋詩紀事》《南宋雜事詩》《東城雜記》《南宋院畫錄》《湖船錄》《樊榭山房詩詞集》等。見《文獻徵存錄》卷五、《國朝先正事略補編》卷一、《揚州畫舫錄》卷四、《兩浙輶軒錄》卷二十一等。

兹據《叢書集成初編》所收二卷本《東城雜記》輯錄。

洪稗畦

洪昉思昇，號稗畦，居東里之慶春門。少負才名，尤工院本南北曲，以國子生遊都門，暇取唐人《長恨歌》事，作《長生殿》傳奇，一時鉤欄競鈔習之。會國忌止樂，貴人邸第有演此者，為言官所劾，諸人罷職，昉思逐山左。趙宮贊執信亦在譴中。趙嘗有絕句云：「牢落周郎發興新，管絃長對自由身。早知才地宜江海，不道清歌誤卻人。」蓋自悲也。朱檢討彝尊酬洪昇詩云：「金臺酒坐擘紅箋，雲散星離又十年。海內詩家洪玉父，禁中樂府柳屯田。梧桐夜雨詞淒絕，薏苡明珠謗偶然。白髮相逢豈容易，津頭且纜下河船。」元人白仁甫有《梧桐雨》雜劇，亦寫《雨淋鈴》一曲，用事可謂工切。昉思後溺於烏鎮。王司寇士禛挽詩云：「送爾前溪去，棲遲歲月多。菟裘終未卜，魚腹恨如何。採隱懷苕雪，招魂弔汨羅。新詞傳樂部，猶聽雪兒歌。」中年，欲卜居武康山

中，不果。所著《稗畦詩集》，清整有大曆間風格。嘗有「林月前後入，溪花冬夏開」之句，世但豔稱其曲子耳。（卷下，第 3174 冊，第 36 頁）

瓦子巷

瓦子鉤欄，南宋在臨安有二十三處。其在城東者，新開門外新門瓦，亦名四通館。薦橋門瓦，在崇新門外章家橋南。菜市瓦，在東青門外菜市橋南。艮山門瓦，在艮山門外。瓦舍者，謂來時瓦合、出時瓦解之義。紹興間，殿帥楊和王因軍士多西北人，是以城內外剏立瓦舍，招集妓樂，以為軍士暇日嬉遊之地。貴家子弟，因此游蕩破壞，尤甚於汴都也。諸妓如賽觀音、孟家蟬、吳憐兒等，以色藝擅一時，家甚華侈。唐安安最號富盛。又如金賽蘭、范都宜、倪都惜、潘稱心、呂雙雙、胡憐憐、沈盼盼、普安安等，皆以歌曲得名。至唐安安，理宗曾於元夕召入禁中。潘稱心亦為賈秋壑所狎。君相荒縱如此，欲不亡，可得乎？今遺跡皆不可考，獨菜市橋瓦子巷，其名猶存。吳君特詠京市舞女玉樓春云：「茸茸狸帽遮梅額，金蟬羅翦胡衫窄。乘肩爭看小腰身，倦態強隨閒鼓笛。問稱家住城東陌，欲買千金應不惜。歸來困頓滯春眠，猶夢婆娑斜趁拍。」今則委巷蕭然，知其事者亦鮮矣。（卷下，第 3174 冊，第 43 頁）

吳陳琰

吳陳琰，名或作「陳琬」，字寶崖，號芋町，浙江錢塘（今杭州市）人。清康熙五十二年（1713）由御試制科第一內廷纂修，授茌平知縣。師曹溶，友唐夢賚。（張撝之、沈起煒、劉德重主編：《中國歷代人名大辭典》上冊，上海古籍出版社 1999 年版，第 1061 頁）

茲據清康熙間刻《說鈴》所收二卷本《曠園雜志》輯錄。

崔鶯鶯銘石

唐鄭太常恒暨崔夫人鶯鶯合祔墓，在其水之西北五十里，曰舊魏縣，蓋古之淇澳也。明成化間，淇水橫溢，土崩石出，秦給事貫所撰誌銘在焉。犁人得之，鬻諸崔氏，為中亭香案石。久之，尋得其家，有胥吏名吉者識之，遂白於縣令邢某，置之邑治。志中盛稱夫人四德咸備。乃一辱於元微之《會真記》，再辱於王實甫、關漢卿《西廂記》，歷久而誌銘顯出，為崔氏洗冰玉之恥，亦奇矣。或傳此誌銘又於康熙初年，崔氏見夢於臨清州守。守往學宮，自穢土中清出。夫臨清與淇邑，道里遼遠，何以墓石又在臨清耶？姑存以備考。（卷上，第 12 頁）

兩解元演劇

錢塘周通政詩以嘉靖己酉領解浙闈，年才二十一。榜前一夕，人皆爭踏省門，候榜發。周獨從鄰人觀劇。漏五下，周登場歌《范蠡尋春》曲，門外呼周解元者聲百沸。周若弗聞，歌竟下場，始歸。又，龍游余太史恂，順治辛卯發解，時亦登場演劇《蔡邕別親》一齣。觀者謂蔡解元雖偽造，余已為

之兆也。（卷上，第 24 頁）

墳內奏樂

　　吳郡歌伶甲天下。有一貴家，擇最尤者來侑觴，其使預戒曰：「我主翁好靜，勿用金鼓聲。」至期，以絲竹和歌演劇二百餘齣，天猶未明。伶人異甚，相與伐鼓撳金，寂無所見；乃在一大松墳內，歸則二晝夜矣。（卷下，第 20 頁）

張宗橚

張宗橚（1705～1775），字永川，一字詠川，號思岩、藕村，浙江海鹽（今屬嘉興市）人。太學生。性恬雅，以詩詞自遣。（梁戰、郭群一編著：《歷代藏書家辭典》，陝西人民出版社1991年版，第199頁）

茲據清乾隆四十三年樂是廬刊二十二卷本《詞林紀事》輯錄。

蔡松年

松年字伯堅，父靖，除真定府判官，遂為真定人，累官吏部尚書、參知政事，遷尚書左丞，封鄁國公，進拜右丞相，加儀同三司，後又封衛國公，卒，加封吳國公，諡文簡。有《蕭閒公集》。（《竹坡詩話》：金九主百一十八年間，獨蔡松年丞相樂府與吳彥高東山樂府膾炙藝林，推為「吳蔡體」。 《中州樂府》：蔡丞相鎮陽別業，有蕭閒堂，自號蕭閒老人。百年以來，樂府推伯堅與吳彥高，號「吳蔡體」。二子：珪字正甫，璋字特甫，俱第進士，號稱文章家。正甫遂為國初文宗，特甫非其比也。）（卷二十，第4～5頁）

編者案：《輟耕錄》卷二十五「院本名目」下有《蔡蕭閒》，〔元〕李文蔚作有《蔡蕭閒醉寫石州慢》，俱寫蔡松年使高麗故事。（詳可參看趙興勤：《中國早期戲曲生成史論》，北京大學出版社2015年版，第350頁）

顧德輝

德輝一名阿瑛，字仲瑛，崑山人。舉茂才，署會稽教諭，辟行省屬官，皆不就。避張士誠之辟，斷髮廬墓，自稱金粟道人。至正末，以子恩封武略將軍飛騎尉、錢塘縣男。有《玉山草堂集》。（《語林》：顧仲瑛家富於貲，輕財好

客，購古法書、名畫、彝鼎、秘翫，別築墅於茜涇西，題曰「玉山佳處」，日夕與客置酒賦詩其中。四方文學之士若河東張翥、會稽楊維楨、天台柯九思、永嘉李孝光，方外若張伯雨、于彥成、琦元璞，與一時名士，咸主其家。其園池之盛、圖史之富，與夫饌館聲伎，並鼎甲一時。才情妙麗，與諸人略相訓對，風流文雅，著稱東南。晚年閱佛書有悟，遂祝髮，稱金粟道人，自題其像曰：「儒衣僧帽道人鞋，天下青山骨可埋。若說向時豪俠處，武陵衣馬洛陽街。」一時賞其曠達。）（卷二十二，第5頁）

陶宗儀

宗儀字九成，台州人，流寓松江。有《南村集》。（《古今詞話》：天台陶宗儀，崎嶇亂離志日，每以筆墨自隨。時時休息樹陰，有所見，輒摘葉書之，貯破盎，埋樹根下，積十數日，一發其藏。書成，名《輟耕錄》。）（卷二十二，第6頁）

喬吉

吉字夢符，太原人。有《惺惺道人樂府》。（卷二十二，第9頁）

朱　琰

朱琰（1713～1780），字桐川，號笠亭、樊桐山人，浙江海鹽人。清乾隆丙戌（三十一年，1766）進士，為江西巡撫幕僚，後授直隸阜平知縣，卒於任。（錢仲聯主編：《中國文學家大辭典·清代卷》，中華書局1996年版，第161頁）

茲據清乾隆三十九年（1774）鮑廷博刻六卷本《陶說》輯錄。

陶畫名*

畫名如……《耍戲娃娃》……《耍戲鮑老》。（卷三，第11～12頁）

嘉靖窯陶器*

外耍戲娃娃、裏雲龍花鍾。……耍戲鮑老花罐。——右器皆青花白地。（卷六，第10～11頁）

袁　枚

袁枚（1716～1797），字子才，號簡齋，浙江錢塘（今杭州市）人。幼有異稟。年十二，補縣學生。弱冠，省叔父廣西撫幕，巡撫金鉷見而異之，試以《銅鼓賦》，立就，甚瑰麗。會開博學鴻詞科，遂疏薦之。時海內舉者二百餘人，枚年最少，試報罷。清乾隆四年（1739）成進士，選庶吉士。改知縣江南，歷溧水、江浦、沭陽，調劇江寧。時尹繼善為總督，知枚才，枚亦遇事盡其能。市人至以所判事作歌曲刻行四方。枚不以吏能自喜，既而引疾家居。再起發陝西，丁父憂歸，遂牒請養母。卜築江寧小倉山，號隨園，崇飾池館，自是優游其中者五十年。時出遊佳山水，終不復仕。盡其才以為文辭詩歌，名流造請無虛日，詼諧詄蕩，人人意滿。後生少年一言之美，稱之不容口。篤於友誼，編修程晉芳死，舉借券五千金焚之，且恤其孤焉。枚天才穎異。論詩主抒寫性靈，他人意所欲出，不達者悉為達之。士多效其體。上自公卿下至市井負販，皆知其名。海外琉球有來求其書者。然枚喜聲色，其所作亦頗以滑易獲世譏云。卒，年八十二。與趙翼、蔣士銓並稱「乾隆三大家」，著有《小倉山房詩文集》《隨園詩話》等多種。見《揚州畫舫錄》卷十、《文獻徵存錄》卷六、《兩浙輶軒錄》卷二十二、《清史稿》卷四八五等。

茲據《浙江文叢》所收二十四卷本《子不語》、十卷本《續子不語》輯錄。《子不語》，一名《新齊諧》。

山西王二

熊翰林滌齋先生為余言：康熙年間遊京師，與陳參政議、計副憲某，飲報國寺。三人俱早貴，喜繁華，以席間不得聲妓為悵，遣人召女巫某唱秧歌

勸酒。（卷一，第 18 頁）

李香君薦卷

　　吾友楊潮觀，字宏度，無錫人，以孝廉授河南固始縣知縣。乾隆壬申鄉試，楊為同考官。閱卷畢，將發榜矣，搜落卷為加批焉。倦而假寐，夢有女子年三十許，淡妝，面目疏秀，短身，青紺裙，烏巾束額，如江南人儀態，揭帳低語曰：「拜託使君，『桂花香』一卷，千萬留心相助。」楊驚醒，告同考官。皆笑曰：「此噩夢也。焉有榜將發而可以薦卷者乎？」楊亦以為然。偶閱一落卷，表聯有「杏花時節桂花香」之句，蓋壬申二月表題，即謝開科事也。楊大驚，加意翻閱。表頗華贍，五策尤詳明，真飽學者，以時藝不甚佳，故置之孫山外。楊既感夢兆，又難直告主司，欲薦未薦，方徘徊間，適正主試錢少司農東麓先生，嫌進呈策通場未得佳者，命各房搜索。楊喜，即以「桂花香」卷薦上。錢公如得至寶，取中八十三名。拆卷填榜，乃商丘老貢生侯元標，其祖侯朝宗也。方疑女子來託者，即李香君。楊自以得見香君，誇於人前，以為奇事。（卷三，第 68 頁）

蔣文恪公說二事

　　余座主蔣文恪公，……父文肅公，戒子孫不得近優人。故終文肅之世，從無演戲觴客之事。文肅歿後十年，文恪稍稍演戲，而不敢蓄養伶人。老奴顧升，乘文恪燕坐，談及梨園，慫恿曰：「外間優人總不若家伶為佳，且便於傳喚。家中奴產子甚眾，何不延教師擇數奴演之？」文恪心動，未答。忽見顧升驚怖，面色頓異，兩手如受桎梏，身倒於地，以頭鑽入椅腳中……公急召巫醫，百計解救。夜半始蘇，曰：「怕殺，怕殺！方前言畢時，見一長人捽奴出，先老主人坐堂上，聲色俱厲曰：『爾為吾家世僕，吾之遺訓爾豈不知，何得導五郎蓄戲子？著捆打四十，活掩棺中！』」（卷四，第 91～92 頁）

斧斷狐尾

　　河間府丁姓者，不事生業，以狎邪為事。……頃刻至揚。有商家方演戲，丁與狐在空中觀。忽聞場上鑼鼓聲喧，關聖單刀步出。狐大驚，捨丁而奔。丁不覺墜於席上。（卷五，第 100 頁）

土地奶奶索詐

虎踞關名醫涂徹儒，與余交好。其子婦吳氏，孝廉諱鎮者之妹也。乾隆丙申六月，吳氏夜夢街坊總甲李某持簿化緣，口稱虎踞關將有火災，糾費演戲以禳之。……吳有戒心，往禱土地廟，見所塑土地奶奶宛然夢中所見，驚懼異常。諸鄰聞之亦大駭，彼此演戲祭禱，費數百金。（卷七，第 161 頁）

夢乞兒煮狗

陳秀才清波，處館紹興。……至某月日，陳果無疾而逝。家人泣報於徐，徐急買白雞，書陳姓名而往。適城隍廟搭臺演戲，眾人蜂擁，至日仄方能到神座下，大呼招魂。（卷九，第 187～188 頁）

真龍圖變假龍圖

嘉興宋某為仙遊令，平素峭潔，以包老自命。某村有王監生者，奸佃戶之妻，兩情相得。嫌其本夫在家，乃賄算命者告其夫，以在家流年不利，必遠遊他方才免於難。本夫信之。告王監生，王遂借本錢，令貿易四川，三年不歸。村人相傳：某佃戶被王監生謀死矣。宋素聞此事，欲雪其冤。一日過某村，有旋風起於轎前。跡之，風從井中出。差人撈井，得男子腐屍，信為某佃，遂拘王監生與佃妻，嚴刑拷訊。俱自認謀害本夫，置之於法。邑人稱為宋龍圖，演成戲本，沿村彈唱。

又一年，其夫從四川歸。甫入城，見戲臺上演王監生事，就觀之，方知己妻業已冤死。登時大慟，號控於省城，臬司某為之申理。宋令以故勘平人致死抵罪。仙遊人為之歌曰：「瞎說奸夫害本夫，真龍圖變假龍圖。寄言人世司民者，莫恃官清膽氣粗。」（卷九，第 188 頁）

地藏王接客

裘南湖者，吾鄉滄曉先生之從子也。……裘往買帖，見街上喧嚷擾擾，如人間唱臺戲初散光景。（卷九，第 192 頁）

冤鬼戲臺告狀

乾隆年間，廣東三水縣前搭臺演戲。一日，演《包孝肅斷烏盆》。淨方扮孝肅上臺坐，見有披髮帶傷人跪臺間作申冤狀。淨驚起避之，臺下人相與譁然，其聲達於縣署。縣令某著役查問，淨以所見對。縣令傳淨至，囑淨仍如

前裝上臺，如再有所見，可引至縣堂。

　　淨領命行事，其鬼果又現。淨云：「我係偽作龍圖，不若我帶汝赴縣堂，求官申冤。」鬼首肯之。淨起，鬼隨之至堂。令詢淨：「鬼何在？」淨答：「鬼已跪墀下。」令大聲喚之，毫無見聞。令怒，欲責淨。淨見鬼起立外走，以手作招勢。淨稟令，令即著淨同皂役二名尾之，視往何處滅，即志其處。淨隨鬼野行數里，見入一冢中。冢乃邑中富室王監生葬母處。淨與皂將竹枝插地志之，回縣覆令。令乘輿往觀，傳王監生嚴訊。監生不認，請開墓以明己冤。令從之。至墓，開未二三尺，即見一屍，顏色如生。令大喜，問監生。監生呼冤云：「其時送葬人數百，共觀下土，並無此屍。即有此屍，必不能盡掩眾口。數年來何默默無聞，必待此淨方白耶？」令韙其言，復問：「汝視封土畢歸家否？」監生曰：「視母棺下土後即返家，以後事皆土工為之。」令笑曰：「得之矣。」速喚眾土工來，見其狀貌兇惡，喝曰：「汝等殺人事發覺矣，毋庸再隱！」眾土工大駭，叩頭曰：「王監生歸家後，某等皆歇茅蓬下。有孤客負囊來乞火，一夥伴覺其囊中有銀，與眾共謀殺而瓜分之，即舉鐵鋤碎其首，埋王母棺上，加土填之，竟夜而成冢。王監生喜其速成，復厚賞之，並無知者。」令乃盡致之法。

　　相傳眾工埋屍時，自誇云：「此事難明白，如要得申冤，除非龍圖再世。」鬼聞此言，故借淨扮龍圖時，便來申冤云。（卷十一，第246～247頁）

藍頂妖人

　　揚州商人汪春山，家畜梨園。有蘇人朱二官者，色伎俱佳，汪使居徐寧門外花園。一日，鄰人失火，火及園，朱逃出巷。（卷十四，第291頁）

吳髯

　　揚州吳髯，行九，鹽賈子也。年二十，將往廣東某藩司署中贅娶，舟至滕王閣下，白晝見一女與公差來舟中，云：「尋君三世，今日得見面矣。」吳髯茫然不知所來。家人知為冤鬼，日以苕帚打其見處，無益也。從此吳髯言語與平時迥異。由江西以及廣東，二鬼皆不去。

　　入贅之日，女鬼忽入洞房，索其座位，與新人爭上下。惟新人與吳髯聞其聲，云「我本漢陽孀婦，與吳狎昵，遂訂婚姻。以所蓄萬金與至蘇州買屋，開張布字號，訂明月日來漢陽迎娶。不意吳挾金去五年，竟無消息。我因自經死，到黃泉哭訴，漢陽城隍移查蘇州城隍，回批云：『此人已生湖南。』尋

至湖南訴城隍，又查明已生揚州。及至揚州，而吳又來廣東。追至江西，始
得相逢。今日婚姻之事，我不能阻，但須同享榮華」等語。新人大駭，白之
藩臺。不得已，竟虛其位待之，始得安然。鬼差口索杯箸求食，乃另設席相
待。

　　閱一月，吳髯告歸，買舟回揚，鬼亦索輿甚迫，欲隨其輿以登舟。揚州士
人早知此事而不信，於吳髯抵揚之日，填街塞巷，以待其歸。見其四輿入城，
前果二空輿，肩輿者亦覺其若有人坐。一時好事者，作《再生緣》傳奇。（卷
十五，第 312～313 頁）

木姑娘墳

　　京師寶和班，演劇甚有名。一日者，有人騎馬來相訂云：「海岱門外木
府要唱戲，登時須去。」是日班中無事，遂隨行至城外，天色已晚。過數里，
荒野之處，果見前面大房屋，賓客甚多，燈火熒熒然，微帶綠色。內有婢傳
呼云：「姑娘吩咐：只要唱生旦戲，不許大花面上堂，用大鑼大鼓，擾亂取
厭。」管班者如其言。自二更唱起，至漏盡不許休息，又無酒飯犒勞。簾內
婦女，堂上賓客，語嘶嘶不可辨。於是班中人人驚疑。大花面顧姓者不耐煩，
竟自塗臉，扮《關公借荊州》一齣，單刀直上，鑼鼓大作。頃刻堂上燈燭滅
盡，賓客全無。取火照之，是一荒冢，乃急卷箱而歸。明早詢土人，曰：「某
府木姑娘墳也。」（卷十七，第 355 頁）

莊明府

　　莊明府炘未官時，館廣西橫州刺史署中。……莊辭別，城隍神命青衣者依
原路送還。出衙，見街上搭臺演戲，觀者如堵。莊問何班，青衣者曰：「郭三
班也。」（卷十七，第 370 頁）

山娘娘

　　臨平孫姓者，新婦為魅所憑，自稱「山娘娘」。……其夫患之，請吳山施道
士做法。方設壇，其妻笑曰：「施道士薄薄有名，敢來治我，我將使之作王道士
斬妖矣。」王道士斬妖者，俗演戲笑道士之無法者也。（卷十八，第 373 頁）

楊笠湖救難

　　楊笠湖為河南令，上憲委往商水縣賑災。秋暑甚虐，午刻事畢，納涼城

隍廟。坐未定，一人飛奔而來，口稱「小民張相求救」。問何事，曰：「不知。」左右疑有瘋疾，群起逐之。其人長號不出，曰：「我昨夜得一夢，見此處城隍神、已故縣主王太爺同坐。城隍向我云：『汝有急難，可求救於汝之父母官。』我即向王太爺叩頭。王曰：『我已來此，無能著力，汝須去求鄰封官楊太爺救，過明午則無害矣。』故今日黎明即起，聞太爺姓楊，又在此廟，故來求救。」言畢叩頭，不肯去。楊無奈何，笑曰：「我已面準，汝有難即來可也。」問其姓名，命家人記之。數日後，散賑過其地，訊其鄰人，曰：「張某是日得夢入城後，彼臥室兩間無故坍倒，毀傷什物甚多，唯本人以入城故得免。」（卷二十一，第 444～445 頁）

　　編者案：楊潮觀（1710～1788），字宏度，號笠湖，金匱（今江蘇無錫）人。清代戲曲家，所作雜劇 32 種，合稱《吟風閣雜劇》。

銅人演《西廂》

　　乾隆二十九年，西洋貢銅伶十八人，能演《西廂》一部。人長尺許，身軀、耳目、手足悉銅鑄成，其心腹腎腸皆用關鍵湊接，如自鳴鐘法。每出插匙開鎖，有一定準程，誤開則坐臥行止亂矣。張生、鶯鶯、紅娘、惠明、法聰諸人，能自行開箱著衣服。身段交接，揖讓進退，儼然如生，惟不能歌耳。一齣演畢，自脫衣，臥倒箱中。臨值場時，自行起立，仍上戲毯。西洋人巧，一至於此。（卷二十三，第 502～503 頁）

鼠作揖黃鼠狼演戲

　　紹興周養仲，在安徽作幕，攜外甥某居。縣署空室三間，向來人不敢居。周不信，打掃潔淨，自居內間，點燭而臥。忽見房門自開，有一白鼠如人拱立，行數步，鞠躬一揖；至床前，又一揖，躍而登床。其旁有兩黃鼠狼，拖長尾，含蘆柴，演呂布耍槍戲，似皆白鼠之奴隸求媚於鼠王者也。（續集卷四，第 63 頁）

潘榮陛

潘榮陛，生卒年不詳，字在廷，號止軒，河北大興（今屬北京市）人。清雍正九年（1731）入宮廷任事。後充宮闈製作督銷之職，頗留意內府圖書。乾隆十年（1745）致仕。（續修四庫全書總目提要編纂委員會編：《續修四庫全書總目提要・史部》，上海古籍出版社 2014 年版，第 488 頁）

茲據清乾隆間刻一卷本《帝京歲時紀勝》輯錄。

上元

十四至十六日，朝服三天，慶賀上元佳節。是以冠蓋蹁躚，繡衣絡繹。而城市張燈，自十三日至十六日四永夕，金吾不禁。懸燈勝處，則正陽門之東月城下、打磨廠、西河沿、廊房巷、大柵欄為最。至百戲之雅馴者，莫如南十番。其餘裝演大頭和尚，扮稻秧歌，九曲黃花燈，打十不閒，盤摃子，跑竹馬，擊太平神鼓，車中絃管，木架詼諧，細米結作鰲山，煙炮攢成殿閣，冰水澆燈，簇火燒判者，又不可勝計也。（正月）（第 4 頁）

歲時雜戲

元宵雜戲，剪綵為燈。懸掛則走馬盤香、蓮花荷葉、龍鳳鼇魚、花籃盆景，手舉則傘扇旛幢、關刀月斧、象生人物、擊鼓搖鈴。迎風而轉者，太極鏡光、飛輪八卦；係拽而行者，獅象羚羊、騾車轎輦。前推旋幹為橄欖，就地滾蕩為繡球。博戲，則騎竹馬、撲蝴蝶、跳白索、藏矇兒、舞龍燈、打花棍、翻觔斗、豎蜻蜓；閒常之戲，則脫泥錢、踢石球、鞭陀羅、放空鍾、彈拐子、滾核桃、打尜尜、踢毽子。京師小兒語：「楊柳青，放空鍾。楊柳活，

抽陀羅。楊柳發，打岔岔。楊柳死，踢毽子。」都門有專藝踢毽子者，手舞足蹈，不少停息，若首若面，若背若胸，團轉相擊，隨其高下，動合機宜，不致墜落，亦博戲中之絕技矣。（正月）（第 7 頁）

惜字會

香會，春秋仲月極勝，惟惜字文昌會為最。俱於文昌祠、精忠廟、金陵莊、梨園館及各省鄉祠，獻供演戲，動聚千人。（二月）（第 11 頁）

天仙廟

京師香會之勝，惟碧霞元君為最。廟祀極多，而著名者七：一在西直門外高梁橋，曰天仙廟，俗傳四月八日神降，傾城婦女往乞靈佑；一在左安門外弘仁橋；一在東直門外，曰東頂；一在長春閘西，曰西頂；一在永定門外，曰南頂；一在安定門外，曰北頂；一在右安門外草橋，曰中頂。又有涿州北關、懷柔縣之丫髻山，俱為行宮祠祀。聖祖御題丫髻山天仙殿扁曰「敷錫廣生」，玉帝殿扁曰「清虛真宰」。每歲之四月朔至十八日，為元君誕辰。男女奔趨，香會絡繹，素稱最勝。惟南頂於五月朔始開廟，至十八日。都人獻戲進供，懸燈賽願，朝拜恐後。有御題扁曰「神燭碧虛」，岳殿扁曰「功成出震」。（四月）（第 16～17 頁）

九皇會

九月各道院立壇禮斗，名曰九皇會。自八月晦日齋戒，至重陽，為斗母誕辰，獻供演戲，然燈祭拜者甚勝。供品以鹿醢菓酒、松茶棗湯，爐焚茅草雲蕊真香。（九月）（第 32 頁）

夜八齣

帝京園館居樓，演戲最勝。酬人宴客，冠蓋如雲，車馬盈門，歡呼竟日。霜降節後則設夜座。晝間城內遊人散後，掌燈則皆城南貿易歸人，入園飲酌，俗謂聽夜八齣。酒闌更盡乃歸。散時主人各贈一燈，闐然百隊，什伍成群，燦若列星，亦太平景象也。（九月）（第 35 頁）

蹙鞠

金海冰上做蹙鞠之戲，每隊數十人，各有統領，分位而立，以革為球，擲

於空中，俟其將墜，群起而爭之，以得者為勝。或此隊之人將得，則彼隊之人
蹴之令遠。歡騰馳逐，以便捷勇敢為能。將士用以習武。昔黃帝作蹙鞠之戲以
練武，蓋取遺意焉。（十一月）（第 41 頁）

紀　昀

紀昀（1724～1805），字曉嵐，號春帆，直隸獻縣（今屬滄州市）人。清乾隆十九年（1754）進士，官至禮部尚書、協辦大學士。曉嵐閱覽博聞，才情華贍，少日已為史文靖公、劉文正公激賞。及再入詞垣，適以詞臣奏請將《永樂大典》內人間罕覯之書鈔錄流佈，既而詔求天下遺書，開四庫館，令其與陸錫熊總司其事，考異同，辨真偽，撮著作之大凡，審傳本之得失，撰為提要。所為詩直而不伉，婉而不佻，抒寫性靈，醞釀深厚，未嘗規橅前人，罔不與古相合。著述甚富，不自裒集，故多散佚。著有《紀文達公遺集》《閱微草堂筆記》等。見《湖海詩傳》卷十六、《國朝畿輔詩傳》卷四十二、《清史稿》卷三二〇等。

兹據臺灣《筆記小說大觀》所收二十四卷本《閱微草堂筆記》輯錄。

演劇至曉*

于氏，肅寧舊族也。魏忠賢竊柄時，視王侯將相如土苴，顧以生長肅寧，耳濡目染，望于氏如王謝。為侄求婚，非得于氏女不可。……是夕，于翁夢其亡父，督課如平日，命以二題：一為孔子曰諾，一為歸潔其身而已矣。方構思，忽扣門驚醒，得子書，恍然頓悟。因覆書許姻，而附言病頗棘，促子速歸。肅寧去京四百餘里，比信返，天甫微明，演劇猶未散。（卷二《灤陽消夏錄》二，第 28 編，第 3218～3219 頁）

借戲衣惑人*

景城南有破寺，四無居人，惟一僧攜二弟子司香火，皆蠢蠢如村傭，見人不能為禮。然譎詐殊甚。……又陰市戲場佛衣，作菩薩、羅漢形，月夜或立屋

脊，或隱映寺門樹下。望見趨問，亦云無睹。或舉所見語之，則合掌曰：「佛在西天，到此破落寺院何為？官司方禁白蓮教。與公無讎，何必造此語禍我？」……積十餘年漸致富。忽盜瞰其室，師弟並拷死，罄其貲去。官檢所遺囊篋，得松脂、戲衣之類，始悟其奸。此前明崇禎末事。（卷三《灤陽消夏錄》三，第 28 編，第 3227～3228 頁）

觀劇被斥*

乾隆丙子，有閩士赴公車。歲暮抵京，倉卒不得樓止，乃於先農壇北破寺中僦一老屋。越十餘日，夜半，窗外有人語曰：某先生且醒，吾有一言。吾居此室久，初以公讀書人，數千里辛苦求名，是以奉讓；後見先生日外出，以新到京師，當尋親訪友，亦不相怪。近見先生多醉歸，稍稍疑之，頃聞與僧言，乃日在酒樓觀劇，是一浪子耳。吾避居佛座後，起居出入，皆不相適，實不能隱忍讓浪子，先生明日不遷，吾瓦石已備矣。（卷四《灤陽消夏錄》四，第 28 編，第 3261～3262 頁）

梨園*

百工技藝，各祠一神為祖：倡族祀管仲，以女閭三百也；伶人祀唐玄宗，以梨園子弟也。此皆最典。（卷四《灤陽消夏錄》四，第 28 編，第 3271 頁）

會館演劇*

日南防守柵兵王十，姚安公舊僕夫也，言乾隆辛酉夏，夜坐高廟納涼，闇中見二人坐閣下，疑為盜，靜伺所往。時紹興會館西商放債者，演劇賽神，金鼓聲未息。（卷七《如是我聞》一，第 28 編，第 3349 頁）

關帝祠戲樓*

伊犁城中無井，皆汲水於河。……又北山支麓逼近譙樓，登岡頂關帝祠戲樓，則城中纖微皆見，故余詩又曰：「山圍草木翠煙平，迢遞新城接舊城。行到叢祠歌舞處，綠氍毹上看棋枰。」（卷八《如是我聞》二，第 28 編，第 3360～3361 頁）

方俊官*

伶人方俊官，幼以色藝擅場，為士大夫所賞，老而販鬻古器，時來往京

師，嘗覽鏡自歎曰：方俊官乃作此狀，誰信曾舞衫歌扇，傾倒一時耶？倪余疆《感舊》詩曰：「落拓江湖鬢有絲，紅牙按曲記當時。莊生蝴蝶歸何處，惆悵殘花剩一枝。」即為俊官作也。俊官自言本儒家子，年十三四時，在鄉塾讀書，忽夢為笙歌花燭擁入閨闥，自顧則繡裙錦帔，珠翠滿頭，俯視雙足，亦纖纖作弓彎樣，儼然一新婦矣。驚疑錯愕，莫知所為，然為眾手挾持，不能自主，竟被扶入幃中，與男子並肩坐，且駭且愧，悸汗而寤。後為狂且所誘，竟失身歌舞之場，乃悟事皆前定也。（卷九《如是我聞》三，第 28 編，第 3384～3385 頁）

傳奇中之佳人*

雍正丙午、丁未間，有流民乞食過崔莊，夫婦並病疫。將死時，持券哀呼於市，願一〔以〕幼女賣為婢，而以賣價買二棺。先祖母張太夫人為葬其夫婦，而收養其女，名之連貴。其券署父張立，母黃氏，而不著籍貫，問之已不能語矣。連貴自云：「家在山東，門臨驛路，時有大官車馬往來，距此約行一月餘，而不能舉其縣名。」又云：「去年曾受對門胡家聘，胡家乞食在外，不知所往。」越十餘年，杳無親戚來尋訪，乃以配圉人劉登。登自云山東新泰人，本姓胡，父母俱歿，有劉氏收養之，因從其姓。小時聞父母為聘一女，但不知其姓氏。登既胡姓，新泰又驛路所經，流民乞食，計程亦可以月餘，與連貴言皆符，頗疑其樂昌之離鏡而復合，但無顯證耳。先叔栗甫公曰：此事稍為點綴，竟可以入傳奇。惜此女蠢若鹿豕，惟知飽食酣眠，不稱點綴，可恨也。邊隨園徵君曰：秦人不死，信符生之受誣；蜀老猶存，知諸葛之多枉（此乃劉知幾《史通》之文，符生事見《洛陽伽藍記》，諸葛事載語[1]見《魏書》毛修之傳。浦二田注《史通》以為未詳，蓋偶失考）。史傳不免於緣飾，況傳奇乎？《西樓記》稱穆素暉豔若神仙，吳林塘言：其祖幼時及見之，短小而豐肌，一尋常女子耳。然則傳奇中所謂佳人，半出虛說。此婢雖粗，倘好事者按譜填詞，登場度曲，他日紅氍毹上，何嘗不鶯嬌花媚耶？先生所論，猶未免於盡信書也。（卷九《如是我聞》三，第 28 編，第 3388 頁）

編者案：〔1〕「載語」，似為衍文。

假戲衣懲道士*

有道士稱奉王靈官，擲錢卜事時有驗，祈禱亦盛，偶惡少數輩，挾妓入

廟，為所阻。乃陰從伶人假靈官鬼卒衣冠，乘其夜醮，突自屋脊躍下，據坐詞責其惑眾，命鬼卒縛之，持鐵藜將拷問。道士惶怖伏罪，具陳虛誑取錢狀，乃闔堂一笑。脫衣冠高唱而出，次日覓道士，則已竄矣。此雍正甲寅七月事，余隨先姚安公宿沙河橋，聞逆旅主人說。（卷九《如是我聞》三，第28編，第3404頁）

觀劇中惡*

陳石閭言：有舊家子偕數客觀劇九如樓，飲方酣，急〔忽〕一客中惡仆地，方扶掖灌救，突起坐，張目直視，先拊膺痛哭，責其子之冶遊，次齧齒握拳，數諸客之誘引，詞色俱屬，勢若欲相搏噬。其子識是父聲語，蒲伏戰慄，殆無人色。諸客皆瑟縮潛遁，有踉蹌失足破額者，四坐莫不太息。此雍正甲寅事，石閭曾目擊之，但不肯道其姓名耳。（卷十《如是我聞》四，第28編，第3437頁）

擅場心法*

因憶丁卯同年某御史，嘗問所昵伶人曰：「爾輩多矣，爾獨擅場，何也？」曰：「吾曹以其身為女，必並化其心為女，而後柔情媚態，見者意消。如男心有一線，則必有一線不似女子，烏能爭蛾眉曼綠之寵哉。若夫登場演劇為貞女，則正其心，雖笑謔亦不失其貞；為淫女，則蕩其心，雖莊坐亦不掩其淫；為貴女，則尊重其心，雖微服而貴氣存；為賤女，則斂抑其心，雖盛妝而賤態在；為賢女，則柔婉其心，雖怒甚無遽色；為悍女，則拗戾其心，雖理拙無異詞。其他喜怒哀樂，恩怨愛憎，一一設身處地，不以為戲，而以為真，人視之竟如真矣。他人行女事而不能存女心，作種種女狀而不能有種種女心，此我所以獨擅場也。」（卷十二《槐西雜志》二，第28編，第3491～3492頁）

學童扮戲*

宋子剛言：一老儒訓蒙鄉塾，塾側有積柴，狐所居也，鄉人莫敢犯，而學徒頑劣，乃時穢污之。一日，老儒往會葬，約明日返。諸兒因累幾為臺，塗朱墨演劇，老儒突返，各撻之流血，恨恨復去。眾以為諸兒大者十一二，小者七八歲耳，皆怪師太嚴。次日老儒返，云昨實未歸，乃知狐報怨也。（卷十三《槐西雜志》三，第28編，第3499～3500頁）

戲偶成精*

凡物太肖人形者，歲久多能幻化。族兄中涵言：官旌德時，一同官好戲劇，命匠造一女子，長短如人，周身形體以及隱微之處，亦一一如人。手足與目與舌，皆施關捩，能屈伸運動。衣裙簪珥，可以按時更易，所費百金，殆奪偃師之巧。或植立書室案側，或坐於床楊，以資笑噱。一夜，童僕聞書室格格聲，時已鎖閉，穴紙竊視，月光在牖，乃此偶人來往自行。急告主人，自覘之信然。焚之，嚶嚶作痛聲。（卷十四《槐西雜志》四，第 28 編，第 3562 頁）

觀傀儡戲*

龔集生言：乾隆己未，在京師寓靈佑宮與一道士相識，時共杯酌。一日觀劇，邀同往，亦欣然相隨。薄暮歸，道士拱揖曰：「承諸君雅意，無以為酬，今夜一觀傀儡可乎？」入夜至所居，室中惟一大方几，近邊略具酒果，中央則陳一棋局，呼童子閉外門，請賓四面圍几坐，酒一再行，道士拍界尺一聲，即有數小人長八九寸，落局上，合聲演劇，呦呦嚶嚶，音如五六歲童子，而男女裝飾，音調關目，一一與戲場無異。一齣終（傳奇以一折為一齣，古無是字，始見吳任臣《字彙補注》，曰讀如尺。相沿已久，遂不能廢，今亦從俗體書之），瞥然不見，又數人落下，別演一齣。眾人且駭且喜，暢飲至夜分，道士命童子於門外几上，置雞卵數百，白酒數壇。戛然樂止，惟聞餔啜之聲矣。詰其何術，道士曰：「凡得五雷法者，皆可以役狐。狐能大能小，故遣作此戲，為一宵之娛。然惟供驅使則可，若或役之盜物，役之祟人，或攝召狐女薦枕席，則天譴立至矣。」（卷十五《姑妄聽之》一，第 28 編，第 3564～3565 頁）

扮錢玉蓮者中邪*

乾隆戊午，運河水淺，糧艘銜尾不能進，共演劇賽神。運官皆在。方演《荊釵記》投江一齣，忽扮錢玉蓮者長跪哀號，淚隨聲下，口喃喃訴不止，語作閩音，嗚咿無一字可辨。知為鬼附，詰問其故。鬼又不能解人語，或投以紙筆，搖首自道不識字，惟指天畫地，叩額痛哭而已。無可如何，掖於岸山〔上〕，尚嗚咽跳擲，至人散乃已。久而稍蘇，自云突見一女子，手攜其頭自水出，駭極失魂，昏然如醉，以後事皆不知也。此必水底羈魂，見諸官集會，故出鳴冤，然形影不睹，言語不通，遣善泅者求屍，亦無跡。旗丁又無新失女子者，莫可究詰，乃連銜具牒，焚於城隍祠。越四五日，有水手無故

自剄死，或即殺此女子者，神譴之歟。（卷十五《姑妄聽之》一，第 28 編，第 3568 頁）

木偶演劇*

先祖光祿公，康熙中於崔莊設質庫，司事者沈伯玉也。嘗有提傀儡者質木偶二箱，高皆尺餘，製作頗精巧，逾期未贖，又無可轉售，遂為棄物，久置廢室中。一夕月明，伯玉見木偶跳舞院中，作演劇之狀，聽之亦咿嚘似度曲。伯玉故有膽，屬聲叱之，一時並散。次日舉火焚之，了無他異。蓋物久為妖，焚之則精氣爍散，不復能聚。或有所憑亦為妖，焚之則失所依附，亦不能靈，固物理之自然耳。（卷十五《姑妄聽之》一，第 28 編，第 3577 頁）

傳奇之資*

太白詩曰：「徘徊映歌扇，似月雲中見。相見不相親，不如不相見。」此為冶遊言也。人家夫婦有暌離阻隔，而日日相見者，則不知是何因果矣。郭石洲言：中州有李生者，娶婦旬餘而母病，夫婦更番守侍，衣不解結者七八月。母歿後，謹守禮法，三載不內宿。後貧甚，同依外家。外家亦僅僅溫飽，屋宇無多，掃一室留居。未匝月，外姑之弟遠就館，送母來依姊。無室可容，乃以母與女共一室，而李生別榻書齋，僅早晚同案食耳。閱兩載，李生入京規進取，外舅亦攜家就幕江西。後得信，雲婦已卒。李生意氣懊喪，益落拓不自存，仍附舟南下覓外舅。外舅已別易主人，隨往他所。無所棲託，姑賣字糊口。一日，市中遇雄偉丈夫，取視其字曰：「君書大好，能一歲三四十金，為人書記乎？」李生喜出望外，即同登舟，煙水淼茫，不知何處。至家，供張亦甚盛。及觀所屬筆札，則綠林豪客也。無可如何，姑且依止，慮有後患，因詭易里籍姓名。主人性豪侈，聲伎滿前，不甚避客，每張樂必召李生。偶見一姬，酷肖其婦，疑為鬼。姬亦時時目李生，似曾相識，然彼此不敢通一語。蓋其外舅江行，適為此盜所劫，見婦有姿首，並掠以去。外舅以為大辱，急市薄槥，詭言女中傷死，偽為哭斂，載以歸。婦憚死失身，已充盜後房，故於是相遇。然李生信婦已死，婦又不知李生改姓名，疑為貌似，故兩相失。大抵三五日必一見，慣見亦不復相目矣。如是六七年。一日主人呼李生曰：「吾事且敗，君文士，不必與此難。此黃金五十兩，君可懷之，藏某處叢荻間，候兵退，速覓漁舟返。此地人皆識君，不慮其不相送也。」語訖，揮手使急去伏匿。未幾，聞閧然格鬥聲，既而聞傳呼曰：「盜已全隊揚帆去，且籍

其金帛婦女。」時已曛黑，火光中窺見諸樂伎，皆披髮肉袒，反接繫頸，以鞭杖驅之行。此姬亦在內，驚怖戰慄，使人心惻。明日，島上無一人，癡立水次久之。忽一人棹小舟呼曰：「某先生耶？大王故無恙，且送先生返行。」一日夜至岸，懼遭物色，乃懷金北歸，至則外舅已先返矣。生至家，貨所攜，漸豐裕，念夫婦至相愛，而結褵十載，始終無一月共枕席。今物力稍充，不忍終以薄槥葬，擬易佳木，且欲一睹其遺骨，亦夙昔之情。外舅力沮不能止，詞窮吐實。急兼程至豫章，冀合樂昌之鏡。則所俘樂伎，分賞已久，不知流落何所矣。每回憶六七年中，咫尺千里，輒惘然如失。又回憶被俘時，縲絏鞭笞之狀，不知以後何如。從此不娶，聞後竟為僧。戈芥舟前輩曰：此事竟可作傳奇，惜未無結束，與《桃花扇》相等。雖曲終不見，江上峰青，綿邈含情，正在煙波不盡，究未免增人惆悵耳。（卷十五《姑妄聽之》一，第 28 編，第 3587～3588 頁）

聞度《牡丹亭》*

李義山詩「空聞子夜鬼悲歌」，用晉時鬼歌《子夜》事也；李昌穀詩「秋墳鬼唱鮑家詩」，則以鮑參軍有《蒿里行》，幻窅其詞耳。然世固往往有是事。田香沁言：嘗讀書別業，一夕風靜月明，聞有度崑曲者，亮折清圓，淒心動魄。諦審之，乃《牡丹亭》「叫畫」一齣也。忘其所以，靜聽至終，忽省牆外皆斷港荒陂，人跡罕至，此曲自何而來？開戶視之，惟蘆荻瑟瑟而已。（卷十七《姑妄聽之》三，第 28 編，第 3633 頁）

演三國戲於呂城*

趙鹿泉前輩言：呂城，吳呂蒙所築也。夾河兩岸，有二土神祠，其一為唐汾陽王郭子儀，已不可解；其一為袁紹部將顏良，更不省其所自來。土人祈禱，頗有靈應，所屬境周十五里，不許置一關帝祠，置則為禍。有一縣令不信，值顏祠社會，親往觀之，故令伶人演三國雜劇。狂風忽起，卷蘆棚苫蓋至空中，鬥擲而下。伶人有死者。所屬十五里內，瘟疫大作，人畜死亡。令亦大病幾殆。……揆以天理，殆必不然，是蓋廟祝師巫，造為詭語，山妖水怪，因民聽熒惑而依託之。（卷十九《灤陽續錄》一，第 28 編，第 3699～3700 頁）

場上土地樣貌*

俄聞互語社公來，竊睨之，衣冠文雅，年約三十餘，頗類書生，殊不作劇

場白發布袍狀。（卷二十一《灤陽續錄》三，第 28 編，第 3735 頁）

董曲江題戲臺額*

董曲江前輩喜諧謔。其鄉有演劇送葬者，乞曲江於臺上題一額。曲江為書「弔者大悅」四字，一邑傳為口實，致此人終身切齒，幾為其所構陷。後曲江自悔，嘗舉以戒友朋云。（卷二十三《灤陽續錄》五，第 28 編，第 3766 頁）

蔡中郎乞受祭*

古人祠宇，俎豆一方，使後人挹想風規，生其效法，是即維風勵俗之教也。其間精靈常在，肸蠁如聞者所在多有；依託假借，憑以獵取血食者間亦有之。相傳有士人宿陳留一村中，因溽暑散步野外。黃昏後冥色蒼茫，忽遇一人相揖，俱坐老樹之下。叩其鄉里名姓，其人云：「君勿相驚，僕即蔡中郎也。祠墓雖存，享祀多缺，又生列士流，歿不欲求食於俗輩。以君氣類，故敢布下忱，明日賜一野祭可乎？」士人故雅量，亦不恐怖，因詢以漢末事，依違酬答，多羅貫中《三國演義》中語，已竊疑之。及詢其生平始末，則所述事蹟與高則誠《琵琶記》纖悉曲折，一一皆同。因笑語之曰：「資斧匱乏，愧無以享君，君請別求有力者。惟一語囑君，自今以往，似宜求《後漢書》《三國志》《中郎文集》稍稍一觀，於求食之道更近耳。」其人面頳徹耳，躍起現鬼形去。是影射斂財之術，鬼亦能之矣。（卷二十四《灤陽續錄》六，第 28 編，第 3786～3787 頁）

阮葵生

阮葵生（1727～1789），字寶誠，又字萍廬、樂君，號唐山（一作吾山），晚號安甫，山陽（今江蘇淮安）人。生於翰墨世家，清乾隆十七年（1752）中舉，二十六年（1761）會試以中正榜錄用，授內閣中書，入值軍機處，兼三館纂修。歷任監察御史、通政司參議、刑部侍郎等職。通經史，工詩文，勤於著述。

茲據中華書局 1959 年版二十二卷本《茶餘客話》輯錄。

教坊司

順治十年，題准教坊司樂人衣服，中和樂用紅補服四十領，丹陛樂用紅百花袍三十領。十二年，定女樂四十八名，衣服用綠緞單長袍、紅緞月牙夾背心，俱用寸金花樣，金髮箍青帕首。十六年，停止女樂，改用太監。教坊司原設奉鑾一員，左右韶舞二員，左右司樂二員，又有協同官十員，俳長四名，協同俳長辦事之包長十二名。凡慶賀中宮，女樂奉鑾等官妻五人，提調女樂四人，歌童二十四人，奉樂女工一百一十五人。景泰八年議，凡良家女子不許教坊司買作倡優，民戶為樂戶者皆令改正，即樂戶內有願從良者聽其自首，與民一體當差。（卷四，第 106 頁）

鬼神

下愚鄙野之夫，又以小說雜劇之所扮演，遊髡妖巫之所假說者為鬼神。如文昌，星也，而謂之梓潼。玄武，龜蛇也，而謂其修於武當山。關侯圖以朱面，張睢陽裝青面獠牙，雷霆之神繪以烏喙。鍾馗斧首，而為唐進士。張

仙孟昶，而為求嗣之神。如此之類，不可枚舉。（卷四，第 111 頁）

《長生殿》事件

趙秋谷執信以丁卯國喪，赴洪昉思寓觀劇，被黃給事六鴻疏劾落職。時徐勝力編修嘉炎亦與讌，對簿時，賂聚和班優人，詭稱未與，得免。都人有口號詩云：「國服雖除未滿喪，如何便入戲文場。自家原有三分錯，莫把彈章怨老黃。」「秋谷才華迥絕儔，少年科第盡風流。可憐一齣《長生殿》，斷送功名到白頭。」「周王廟祝本輕浮，也向長生殿裏遊。抖擻香金求脫網，聚和班裏制行頭。」徐，豐頤修髯，有周王廟道士之稱，後官學士。聞黃給事家豪富，欲附名流。初入京，以土物並詩稿遍贈諸名下。至秋谷，答以柬云：「土物拜登，大稿璧謝。」黃銜之刺骨，故有是劾。乾隆己未，秋谷遊淮上，與邱天峰編修敍先後同年，以此事問之。曰：「非也。」時方與同館為馬弔之戲，適家人持黃刺至，秋谷戲云：「土物拜登，大稿璧謝。」家人不悟，遂書柬以覆。秋谷被劾後，始知家人之誤也。（卷九，第 233～234 頁）

強記法

歷城葉奕繩……有文采，善劇曲，濟南人士推為淹洽。（卷十六，第 493 頁）

優伶之禁

潘稼堂不喜優伶，嘗請於當事禁其教演。官翰林，又陳奏請禁。皆未果行。余謂是誠無益，禁之亦不必也。東坡生平不耽女色，而亦與妓遊。凡待過客，非其人，則盛女妓，絲竹之聲終日不輟。有數日不接一談，而過客私謂待己之厚。至有佳客至，則屏妓銜杯，坐談累夕。東坡真解事。今之優伶，正合如是用，禁之奚為哉！（卷十八，第 541 頁）

《繡襦記》

崑山鄭若庸，曳裾王門，妙擅樂府。嘗填《玉玦》詞，以訕院妓。一時白門楊柳，少年無繫馬者。群伎患之，乃醵金數百，行薛近兗，為作《繡襦記》以雪之。秦淮花月，頓復舊觀。平康往事，雖小堪傳也。〔元〕高文秀有《鄭元和風雪打瓦罐》院本，近兗從而衍之耳。（卷十八，第 542 頁）

《琵琶記》

高則誠〔明〕《琵琶記》，世謂其罵王四也。陸務觀詩云：「斜陽古柳趙家莊，負鼓盲翁正作場。死後是非誰管得，滿村聽說蔡中郎。」是南渡時已演為小說矣。則誠填詞，夜燒雙燭，填至吃糠出句云：「糠和米本一處飛」，雙燭花交為一處。文章有神，豈不異哉！蔣仲舒《堯山堂外紀》云：撰《琵琶》者，乃高栻，字則誠，別是一人。按涵虛子《曲譜》，有高栻，無高明。蔣氏或別有據。蔡邕父名棱，母袁氏，袁之妹耀卿姑，傳奇改作秦氏。（卷十八，第 542 頁）

王曾

王曾少孤，鞠於叔氏。無子，以弟之子繹為後。今傳奇謬為具慶生子事。（卷十八，第 542 頁）

《殺狗記》

《殺狗記》，徐仲由旺所作。自言詩文未品藻，惟詞曲不讓古人。（卷十八，第 543 頁）

呂蒙正

呂蒙正父龜圖多內寵，與妻劉不睦，並蒙正出之。劉誓不改嫁。及蒙正登仕，迎二親同堂異室，孝養備至。今謬為蒙正妻被逐。蒙正妻乃宋氏，右正言宋抗族女也。元關漢卿、王實甫作《呂蒙正風雪破窯記》、馬致遠《風雪飯後鐘》，皆是呂少時有「撥盡寒爐一夜灰」之句。其後相府退衙，片雪沾衣，欲斬侍人，反《撥灰詩》以諷之。宋又有《鴟吻詩》云：「獸頭本是一團泥，做盡辛勤人不知。如今高入青雲裏，忘卻當初窯內時。」觀此則宋亦賢室矣。（卷十八，第 543 頁）

水戲

大業間，杜寶常修《水飾圖經》十五卷。煬帝觀於曲水。有神龜負八卦進伏羲；黃龍負圖，玄龜銜符，大鱸銜籙授黃帝；丹田靈龜獻蒼頡；鳳皇負圖，赤龍載籙授堯；龍馬銜中赤文授舜。舜觀河渚五老人來，告帝期陶河濱，黃龍負黃文符璽之圖。禹濟江而黃龍負舟。元夷蒼水使者以《山海經》來。其類七十有二，以七十二航貯之。此水戲之始。元人關漢卿有《隋煬帝牽龍舟》樂府

本此。（卷十八，第 544 頁）

元曲

梨園所扮雜劇，大半藍本元人，而增飾搬演，改易名目耳。如《秦太師東窗事犯》《虎牢關三戰呂布》《蕭何月夜追韓信》《持漢節蘇武還鄉》《李三娘麻地捧印》《莽張飛大鬧相府院》《關大王三捉紅衣怪》《李亞仙詩酒麴江池》《窮韓信拜將登壇》《黑旋風喬斷案》《趙太祖鎮凶宅》，此類甚多，皆元人試題，作者不一人，傳者亦無多，皆今劇之所本也。詞曲著名者，北曲則關、鄭、馬、白，南曲則施、高、湯、沈，皆鉅子矣。（卷十八，第 545 頁）

金鳳

嚴東樓在工部時，眷一幼伶，名金鳳。海鹽人，色藝俱全。一日無鳳，則寢食不甘。及《鳴鳳記》盛傳於世，金復塗粉扮東樓，乃得神似。此一事較夷門《馬伶傳》更奇。朱良矩語楊用修云：「天之風月，地之花柳，人之歌舞，無此不成三才。」（卷十八，第 545 頁）

《荊釵記》

《荊釵記》醜詆孫汝權。按汝權，宋名進士，有文集。尚氣誼，王梅溪好友也。梅溪劾史浩八罪，汝權慫恿之。史氏切齒，故作傳奇，謬其事以污之。溫州周天錫，字樊寵，嘗辨其誣。見《竹懶新著》。（卷十八，第 545 頁）

《遊春記》

王渼陂（九思）由翰林改吏部，撰《遊春記》。記中李林甫指李賓之，楊國忠指楊石齋，賈婆婆指賈南塢。因此淪棄，且博輕薄名。文人器小，往往蹈此。（卷十八，第 546 頁）

上唐梯

漢代戲目，有曰「上唐梯」，即今之「上高竿」，見《淮南子》。蓋古以翻空梯為唐梯，唐訓曰「空」。梁有高絙伎，即今之繩戲，見杜氏《通典》。內典云「福不唐捐」，又詩云「歲月唐捐去」，皆云空也。（卷十八，第 547 頁）

靳輔治河之議

次日會議郡庠尊經閣下，先演劇《鳴鳳記》，二伶唱至「烈烈轟轟做一

場」，董公拍案大笑點首，自唱「烈烈轟轟做一場。」四座瞪目愕眙，將弁行酒者相視失色。宴罷，屬官持疏稿請畫押。靳公左右指喝，口若懸河。漕撫諸臣無以難之。董公徐置疏搖首曰：「紙上空談，奈於民大不便，吾不忍欺吾君。」出袖中號簿擲向靳公曰：「是千餘人呼號痛哭之聲，胡不併入疏稿耶！」靳公取閱，色變不能發一語，急登輿回署，而車邏十字河之議始息。（卷二十二，第 695 頁）

趙　翼

趙翼（1727～1814），字雲崧，又作耘崧，號甌北，也作鷗北，晚號三半老人。江蘇陽湖（今江蘇武進）人。清乾隆二十六年（1761）恩科會試以一甲第三名及第，任翰林編修，尋充方略館纂修官。乾隆三十一年歲末，出任廣西鎮安知府。後調任廣州知府，未久，升貴州分巡貴西兵備道。以事辭官歸里後，先後掌教於儀徵樂儀書院、揚州安定書院等處。為清中葉著名文學家、史學家，與袁枚、蔣士銓並稱「乾隆三大家」。著有《甌北詩集》《甌北詩話》《廿二史箚記》《陔餘叢考》《簷曝雜記》等。其中《廿二史箚記》與王鳴盛《十七史商榷》、錢大昕《廿二史考異》齊名，合稱「清代三大史學名著」。見《文獻徵存錄》卷六、《清史稿》卷四八五等。

茲據中華書局 1982 年版六卷點校本《簷曝雜記》輯錄。

王良*

正德三年會試，王鏊、梁儲為主考官。教坊演戲，一人問曰：「今年會試文何如？」一人答曰：「王良天下之賤工也，如何得好文章？」（卷五，第 94 頁）

河套

河套古朔方地，唐張仁願築三受降城處，地在黃河南，自寧夏至偏頭關，延袤二千餘里，饒水草。明初設東勝二衛，永樂後以地遠難守，遂廢為甌脫。正統十四年有額森（舊名也先）寇寧夏，留千餘騎於其中，然尚未為所佔據也。天順間有阿勒楚爾（舊名阿羅出）潛來居之。又有伽嘉色楞竊入套，將為久居

計。王越等往剿，雖屢捷而寇據套自如。伽嘉色楞又糾元裔們都將居套內，稱汗。成化四年，項忠討滿四，恐其乘冰凍與套寇合，乃急攻，獲滿四。可見是時寇久已居套矣。成化九年，王越襲寇於紅鹽池，大捷，寇始徙北去，西陲得息肩者數年。成化十一年，余子俊以延慶地平易，寇屢入套，我反居外，寇反居內，故築邊牆千七百里，以限內外。弘治元年，小王子漸入套中，出沒為寇。弘治八年，韃靼北部伊果剌伊木王等入套駐牧。於是小王子等相倚為邊患。小王子居東方，號土默特，其分諸部在西北者曰濟農、曰諳達。二部據有河套，時入寇。濟農先入，諳達自豐州來會之，相倚為邊患。總督劉天和擊敗之，然終未逐出。後濟農死，諳達獨盛。嘉靖二十六年，諳達求封貢，詔不許。時曾銑上言：「寇居河套將百年，出套則寇寧夏、三關，入套則寇甘、固，應請水陸並進，三舉則寇不能支，當遠徙矣。」帝方向之。而帝意忽中變，故嚴嵩得以陷銑及夏言於大辟。究而論之，套地水草肥美，自永樂棄廢之後，又無漢人居之，故寇得竊據。其始猶未敢據為巢穴，中國每歲發兵搜套。其時寇常為客，而我猶為主。迨後駐牧既久，寇且視為故土，彼反為主，我反為客矣。今套地實即鄂爾多斯，守藩服惟謹，與四十八家蒙古及喀爾喀諸部落，長為不侵不叛之臣，自無庸驅之他徙。然則駕馭外藩，固在朝廷之盛德，使之不敢生心也哉。嘉慶十四年十一月初二日，因演劇有《議河套》一齣，因略考套中原委於此。

（卷五，第 96～97 頁）

李文藻

李文藻（1730～1778），字素伯、茝畹，晚號南澗，山東益都（今山東青州）人。清乾隆二十六年（1761）進士，官至桂林府同知。曾師事錢大昕。（錢仲聯主編：《中國文學家大辭典‧清代卷》，中華書局 1996 年版，第 249 頁）

茲據臺灣《筆記小說大觀》所收一卷本《琉璃廠書肆記》輯錄。

觀劇場所*

乾隆己丑五月二十三日，予以謁選至京師，寓百順胡同。九月二十五日，籤選廣東之恩平縣。十月初三日引見，二十三日領憑，十一月初七日出京。此次居京師五月餘，無甚應酬，又性不喜觀劇，茶園、酒館，足跡未嘗至。（第 9 編，第 5145 頁）

徐承烈

徐承烈（1730～1803），字紹家，一字悔堂，晚號清凉道人，浙江德清（今屬湖州市）人。少習舉業，弱冠後因貧廢學，訓蒙鄉里；又幕遊嶺南，二十餘年後返鄉閉門撰述，至老不倦。著書數百卷，端楷手錄極精。（蕭相愷主編：《中國文言小說家評傳》，中州古籍出版社 2004 年版，第 679 頁）

茲據《叢書集成三編》所收四卷本《聽雨軒筆記》輯錄。

《一捧雪》本事*

（乾隆）辛亥二月四日，於永泰村觀蓮喜班演《一捧雪》傳奇，因憶昔於紹興永壽堂閱遼陽劉廷璣《在園雜志》所載，略敘於此。明太倉王思質（忬）家藏右丞所寫輞川真蹟。嚴世蕃聞而索之，思質愛惜世寶，與以摹本。世蕃之裱工湯姓者，向在思質門下，曾識此圖，因於世蕃前陳其真贗。世蕃心銜之而未發也。會思質總督薊遼軍務，武進唐應德（順之）以兵部郎官奉命巡邊。嚴嵩囑應德於內閣，微有不滿思質之言。應德領之，至思質軍，欲行軍中馳道，思質以己兼兵部堂銜難之。應德怫然，遂參思質軍政廢弛，糜耗國帑，累累數百言，先以稿呈世蕃。世蕃從中主持之，逮繫思質至京，論法棄市。後世蕃伏誅，思質之子鳳洲（世貞）、麟洲（世懋）預賄行刑者斷其一股，持歸熟之，以祭思質。兄弟對坐啖之。傳奇所云莫懷古，蓋寓勸誡於姓名。又云以一杯之微，至於殺身，則作者自言其意，情節雖略為變更，而事實猶依稀可溯也。至玉杯名「一捧雪」者，係當時封疆大吏，作苞苴以饋世蕃。籍沒之後，流轉於權貴家。廷璣曾一見之，玉色純白無疵，就日視之，則其中霏霏若飄雪然，洵是尤物。傳奇蓋合二事而敷衍者也。予謂此劇，起釁雖由玉杯，而樞紐則在「遠

遁」一齣，然紕漏甚矣。夫懷古身為職官，妻孥皆在原籍，普天莫非王土，挈妾逃，欲何之？且方結怨於嚴，一逃則奇禍立至，此不待智者而後知。懷古何以昏瞀至此？至懷古方以懷寶取禍，以杯藏之戚南塘（繼光）處，而南塘不鑒前車，復以此觸巡按，巡按又因玉杯私怨，擅用尚方劍殺重臣，何其昧也，皆情理必無之事也！安得才藻如孔東塘、洪稗畦者，為之增補其罅隙哉？予閱《在園雜志》，在己卯之暮秋，光陰如駛，忽忽三十三年矣。追數曩時主賓，惟予尚在，不禁憮然！（卷一《雜紀》，第 66 冊，第 425 頁）

寓意《琵琶記》*

辛亥仲冬朔日，吳門松秀部於慈相寺前，演《琵琶記》「辭朝」一折，曲調、規模，可稱雙絕。觀場者贊不容口。有名士某者，拾楊升庵之唾餘而言曰：蔡中郎之父名棱，字伯直，見《後漢書》注，而劇中稱為蔡從簡，乃製曲者失考故也。予按：《琵琶記》為永嘉高則誠撰，記中所云，皆非中郎實事。如狀元之稱，始於唐玄宗時，漢朝尚無其名；而東漢靈、獻之世，丞相亦無牛姓者。此曲蓋借蔡邕二字，以寓作者製曲之意，其餘盡屬空中樓閣也。則誠舉元至正進士，隱居不仕，與貫酸齋吾子行輩齊名，豈《後漢書》尚未之讀，而煩後人指謫耶？彼名士者，見楊升庵《丹鉛錄》中曾有此論，故竊取其言而自矜為博學創見，殊不足供識者一粲也。予欲辨而析之，恐彰名士之短，歸而記之，以戒輕妄。（卷二《續紀》，第 66 冊，第 442 頁）

附會《牡丹亭》*

初三日，松秀部復於慈相寺前演《牡丹亭》。予按：湯若士此曲，率皆海市蜃樓、憑空駕造。讀其卷首自序，已明言其故矣。然予昔遊嶺表，道出南安，聞府署中杜麗娘之梳粧檯猶在焉，見府署後石道姑之梅花觀尚存焉。又若實有其事者，與滇南關索廟、武康鮑家莊、臨潼塔上伍子胥邊〔鞭〕痕、馬邑澗邊唐太宗馬跡，類相似已。嗚呼！天地本一幻境，古今來有憑足據之事，皆與傳奇、小說等也。而茲則附會假借，以實傳奇、小說之言，則竟以幻者為真矣。語云傳聞不實，流為丹青，蓋此之謂。（卷二《續紀》，第 66 冊，第 442 頁）

演《鳴鳳記》*

至崇禎間，有戲班於慈谿城中演《鳴鳳記》者，至「慶壽」一折，曲盡

文華阿諛獻媚之態。趙族甚繁，其裔孫亦多顯達，閱之怒甚，命僕縛而送諸官。縣令某公謂優人曰：「趙係本處先朝大臣，汝何得扮此以彰其醜？」命其仍塗粉帶須、冠紗帽、衣紅袍，一如慶壽裝束而枷之，朱書其上曰「不合扮演先朝大臣趙文華優人一名某人」。枷號示眾，坐諸通衢，以兩役守之，而使優自言其罪。趙氏大慚，急挽鄉官向令關說。令曰：「彼既送來，合當如此處法。今彼自肯求寬，我亦勉為釋之。我情已盡，慎毋以輕縱見譏也。」遂脫枷而釋之。嗚呼！人為不善，雖孝子慈孫百世不能改。若文華者，可謂鑒戒矣！（卷三《餘紀》，第 66 冊，第 452 頁）

青藤書屋*

（徐渭）所居曰「青藤書屋」，在紹興府城觀巷內，面臨小河，有碑樹於門側，大書「徐文長先生故里」，今為金氏書屋。金故越中大家，每歲必延郡中名宿，訓其子侄於此。外人亦間有附學者。……外堂內樓，皆寬敞而整潔。東偏有園，約三四畝許。堂軒臺閣、池沼峰巒皆具。文長所植青藤一株，尚盤繞於書室前，其本大已數拱，枝蔓蜿蜒四出，以巨木作架承之。金竹孫詩所云「海內文傳雙白鹿，里中人重一青藤」是也。（卷三《餘紀》，第 66 冊，第 456～457 頁）

《牡丹亭》三婦評本之偽*

康熙間，武林吳吳山，有《三婦合評牡丹亭》一書。按：吳山名人，字舒鳧，吳山其號也。工詩文詞曲，與同里洪稗畦（名昇，字昉思）並馳名江浙間。吳山始聘於陳，未婚而夭；娶談，踰年亡；繼娶為錢，與吳偕老。三婦皆具妙才，詩筆清麗。其《牡丹亭》一曲，則陳、談評其前半，而錢續之。評語咸列於上方，吳山復引《詩經》語作旁批，梓行於世，人皆豔稱之。予獨以為不然。夫吳山所聘所娶，咸能讀書識字，事或有之，若云所評係三婦相繼而成，則其中當有分別之處，茲何以心思筆氣，若出一人？鄙見論之，大約為吳山所自評，而移其名於乃婦，與臨川之曲，同一海市蜃樓，憑空架造者也。從來婦言不出閫，即使閫中有此韻事，亦僅可於琴瑟在御時，作賞鑒之資，胡可刊版流傳，誇耀於世乎？且曲文、賓白中，尚有非閨閣所宜言者，尤當謹秘。吳山祇欲傳其婦之文名，而不顧義理，書生呆氣，即此可見也。是書當以不傳為藏拙。（卷四《贅紀》，第 66 冊，第 464 頁）

李調元

李調元（1734～1803），字羹堂，號雨村、童山、墨莊、蠢翁、鶴洲，
四川羅江（今屬德陽市）人。清乾隆二十八年（1763）進士，改翰林院庶吉
士。散館，授吏部主事。三十九年（1774）以副主考典試廣東。四十一年（1776）
升任員外郎。四十二年（1777）放廣東學政。四十六年（1781）任滿回京，
補直隸通永道道臺。四十七年（1782）以事罷官，擬發伊犁，以母老贖歸鄉
梓。其著述宏豐，有《南越筆記》十卷、《觀海集》十卷、《粵東試牘》二卷、
《全五代詩》一百卷等。所輯《函海》，計四十函，一百六十三種，八百五
十二卷。戲曲理論方面，著有《雨村曲話》《雨村劇話》。見《清秘述聞》卷
七、卷十二，《國朝詩人徵略》卷四十、《晚晴簃詩匯》卷九十一等。

一、據清乾隆三十四年序刊十卷本《井蛙雜紀》輯錄。

升菴*

楊升庵先生在滇南，每出遊，乘一木肩輿，僅容膝，狀如升，所謂升菴
也。庵之前題曰「士到東都須節義，地當西晉且風流」，為張愈光含筆。（卷
一，第15頁）

編者案：〔清〕陸雲錦《芝庵雜記》（清嘉慶八年刊四卷本）卷三「升菴」條
引《皇華紀聞》云：「楊用修在滇，製小肩輿，如升之形，僅可容膝。張愈光含題
一聯，其上云：『人到東京須氣節，地當西晉且風流。』所謂升菴，以此。」所載
與此略同。

簡紹芳*

豫章簡西嶠紹芳，弱冠客遊滇南，題詩山寺。楊升庵先生一見異之，使人物色，遂為忘年交。凡先生出入，必引與俱。先生藏書甚多，簡一覽輒記。每清夜劇談，他人不能答，簡一一應如響。在滇南倡和及訂較文藝，惟簡為多。年幾六十四，歸蒙山，先生送之詩：「金蘭意氣昔論文，晏坐朝霜竟夕曛。千里驅馳來僰道，十年羈旅共滇雲。交遊落落辰星散，蹤跡悠悠逝水分。江北江南從此別，何時何地再逢君？」歸數年卒。其子詣先生瀘陽，時先生以疾臥床，呼拜狀〔床〕下。問：「西嶠安否？」其子曰：「死矣！」先生長籲拭淚，遂嚮壁臥，不復言，數日卒。先生交誼，當求之千古矣！（按：簡紹芳曾著《楊升庵年譜》。此云歿在升菴生前，似有誤。）（卷一，第15～16頁）

楊慎著述*

楊用修著述之富，古今罕儔。予所見已刻者二十九種：《升菴全集》《升菴詩集》《升菴詩話》《楊子巵言》《尺牘清裁》《詞林萬選》《丹鉛要錄》《丹鉛總錄》《丹鉛摘錄》《丹鉛餘錄》《丹鉛續錄》《藝林伐山》《墨池璅錄》《詩話補遺》《五言律祖》《絕句辯體》《禪林鉤玄》《水經古文》《韻語轉注》《古音略》《古音駢字》《古音複字》《古音附錄》《異魚圖贊》《韻林原訓》《李詩選》《杜詩選》《風雅遺編》《明詩抄》。未見已刻者三十九種：《南中續集》《玉堂集》《長短句》《長短句續集》《書品》《詞品》《金石》《古文》《畫跋》《尺牘拾遺》《選詩外編》《選詩拾遺》《唐絕精選》《唐音百絕》《唐絕增奇》《六言詩選》《古文音釋》《古音獵要》《古音叢目》《奇字韻》《古文參同契》《溫泉詩集》《洞天玄紀》《檀弓叢訓》《禪藻集》《譚苑醍醐》《陶情樂府》《樂府續集》《箜篌新詠》《墐戶錄》《滇載記》《脈位圖說》《連夜吟卷》《月節詞》《千里面談》《經義模範》《崔氏誌銘》《山海經補注》《七十行戍槁》。聞未刻者尚有七十一種：《各史要語》《晉史精語》《夏小正解》《管子敘錄》《莊子刊誤》《古雋》《謝華啟秀》《群書麗句》《文海釣鼇》《名奏菁英》《四詩表證》《古文韻語別錄》《古文（選）》《古詩選》《明詩續抄》《詩林振秀》《五言絕選》《選唐百絕》《寰中秀句》《古今柳詩》《古謠》《古今風謠》《蒼洱紀遊》《填詞選格》《百琲明珠》《詞苑增奇》《草堂詩餘補遺》《六書傳證》《六書探頤》《篆韻索隱》《古篆要略》《六書統》《摘要隸駢》《銘心神品》《韻藻》《晞

籤瓿筆》《清暑錄》《希姓錄》《滇程紀》《書畫名跋》《書畫神品目》《素問糾略》《群豔傳神》《江花品藻》《滇侯記》《引書晶鈺》《丹鉛別錄》《丹鉛閨錄》《丹鉛贅鉛〔錄〕》《升菴疑說》《文遊餘錄》《卮言閨錄》《敝帚》《病榻手畝》《蘇黃詩髓》《宛陵六一詩選》《五言三韻詩選》《五言別選》《宋詩選》《元詩選》《群公四六節文》《古韻詩略》《說文先訓》《古今詞英》《填詞玉屑》《六書練證》《逸古編》《經書指要》《唐史要》《偶語》《六書索隱》。總之一百四十種（出何宇度《益部談資》）。（卷一，第 16～18 頁）

楊夫人曲*

升菴夫人黃，遂寧簡肅公珂之女，有詩名，詞曲尤為擅場。錫山是堂俞憲選《盛明百家詩》，自謂得崑山張文學抄稿，僅載其《寄夫》及《庭榴》《春日即事》數詩，及「積雨釀春寒」一闋。今得其詞曲四卷（本五卷，闋〔闋〕一卷），吳元定較本，武林舊刻也，輒摘錄於此。其【仙呂·點絳唇】云：「萬里雲南。九層天棧千盤險。一發中原。回望青霄遠。」【混江龍】云：「自離了蓬萊閬苑。曉風殘月掛征帆。江蘺漠漠，水荇田田。落日山川虎兕號，長風洲渚蛟龍戰。鴻雁池頭，鯉魚山下，鸕鷀堰底，鸚鵡洲邊。揚舲弔恨水雲邊。授衣又早寒暄變。恰似萍流蓬轉。幾曾匏繫藤牽。」【油葫蘆】云：「白雲江陵古渡邊。解征帆，上征鞍。楚塞霜寒楓葉丹。沅醴波香蘭芷鮮。武陵春老桃花怨。千里望雲心，九迸悲秋辯。又不是南征馬援壺頭山。愁望飛鳶。」【天下樂】云：「瘦馬凌競蝶夢殘。霧慘風僝怎消遣。斷角殘鐘，幾度孤城晚。回首送衡陽去雁。忍淚聽瀘溪斷猿。亂雲堆，何處是西川。」【那吒令】云：「怕見他盤江河毒瘴愁煙。關索嶺冰梯雲矗。香爐峰獠塞苗川。千尋井下坡難。萬丈梯登山倦。硬黃泥污盡舊青衫。」【鵲踏枝】云：「一封書意懸懸。萬里恨綿綿。誰信道東下昆池，又勝如西出陽關。但得他平安兩字，休問他何日歸年。」【寄生草】云：「空彈劍，頻倚欄。比潮陽山水多鄉縣。比江州月夜無絃管。比夜郎春夏饒風霰。今日個關〔闋〕雞曉度碧雞關。怎記得鳴鑾晚直金鑾殿。」【么】云：「難縮壺中地，休尋屏上船。五華臺望望愁心遠。雙洱河渺渺波濤限。七星關迸迸雲嵐嵌。琵琶亭下淚偏多，鸕鷀嶺畔腸先斷。」【金盞兒】云：「風兒酸。[1]雨霽風清抬望眼。見西樓明月幾回圓。辭家衣線綻。去國履痕穿。只道是愁來傾竹葉，不信說米盡折花鈿。」【賺尾】云：「且聽滄浪吟，休誦卜居篇。愛碧山石磴紅泉。策杖行歌興渺然。醒來時對陶令無弦。

醉來時學蘇晉逃禪。不似他憔悴騷人澤畔。任蒼狗白衣屢變。笑蛙聲紫氣爭妍。浮名與我無縈絆。再休尋，無事散神仙。」以上數闋，與阮亭入蜀所載略同。[2]（卷二，第1～3頁）

編者案：[1] 本句下，《全明散曲》尚有「雨兒寒」一句。（參看謝伯陽編：《全明散曲》第二冊，齊魯書社1994年版，第1446～1448頁）

[2] 此套曲，《全明散曲》歸於楊慎作。

方響*

蜀將軍皇甫直別音律，擊陶器，能知時月，好彈瑟琶。元和中，嘗造一調，乘涼臨水池彈之。本黃鐘而聲入蕤賓，因更弦再三奏之，聲有蕤賓也。直甚感不悅，自意為不祥。隔日又奏於池上，聲如故。試彈於他處，則黃鐘也。直因調蕤賓，夜復鳴彈於池上。覺近岸波動，有物激水如魚躍。及不彈，則沒矣。直遂集客車水竭池，窮池索之。數日，泥下丈餘，得鐵一斤，乃方響，蕤賓鐵也。（卷二，第5頁）

梨園歌詩*

天寶末，明皇嘗乘月登勤政樓，命梨園弟子歌數闋。有唱李嶠詩云：「富貴榮華能幾時，山川滿目淚沾衣。不見秖今汾水上，惟有年年秋雁飛。」時上春秋已高，問是誰詩。或對曰李嶠。因淒然泣下，不終曲而起，曰：「李嶠真才子也。」明年幸蜀，登白衛嶺，覽眺久之，又歌是詞，復言李嶠真才子，不勝感歎。時高力士在側，亦揮涕久之。（卷三，第3頁）

楊慎事蹟*

[明] 簡紹芳《楊升庵年譜》云：公姓楊氏，諱慎，字用修，別號升菴。其先廬陵人。六世祖諱世賢者，元末避歐祥之亂，徙楚麻城；再避紅軍亂，乃入蜀。居新都，世賢生壽山，隱德弗仕，樂善行誼，鄉閭化之，有李佛子之稱。蓋世賢贅李氏，子孫冒其姓也。壽山生玫，字美玉，習《春秋》，善歐書。元配郭氏生二子，曰遠，曰政。卒，娶羊氏，無子。卒，娶熊氏，生子三，曰春，曰惠，曰哲。以貢生仕為貴州永寧吏目，卻土官之賂金，正州民之地界，貴陽人傳誦之。卒於官，遠、政亦相繼歿。熊氏夫人攜二孀婦並三幼子，負遺骸歸新都，葬之城西。春，即公大父留耕公也，性穎敏，日記數千言。家舊藏《周易》一部，朝夕研究，日漸有得，乃入縣學為諸生。複姓

楊氏，成化元年乙酉舉於鄉，十七年辛丑舉進士，移疾歸養。弘治元年，以
熊夫人命北上，授行人司司正。時王端毅公為太宰，擬授之際，顧謂少宰張
莊簡公曰：「老成人，任此官固宜。」八年，升湖廣提學僉事，踰年乞歸。留
耕公配葉氏，子七人。長廷和，即公父少師石齋；次廷平，號龍山，戊午舉
人，終養不仕；廷儀號瑞虹，己未進士，兵部左侍郎；廷簡，早卒；廷宣，
號龍崖，辛酉舉人，獨擅古學，為李文正公所稱，嘗著《連雲棧賦》在《蜀
志》。皆棄〔葉〕夫人出。廷歷，以石齋考滿，蔭國子生；廷中，縣學弟子：
側室王氏出。石齋公生於天順己卯，甫四歲，知聲律，日記書數卷；年十三，
舉於鄉。二十舉進士，由翰林庶吉士歷官少師，兼太子太師，首相兩朝，有
除難定策之功焉。子四，長即升菴公，少師元配一品夫人眉山黃公明善之女
所出。次愷，號敘庵，癸未進士，兵部職方主事；恒，號貞庵，承蔭中書舍
人，升大理右寺副；忱，號孚庵，丙子舉人，皆太孺人蔣氏出。若龍山公之
子癸酉舉人愷、縣學生悌，瑞虹公之子丙戌進士恂、姚安知府愷、盧溪知縣
性，龍崖公之子荊州長史悅、縣學生惟，則公之從弟也。先是，石齋與黃夫
人以嗣嗣為憂，嘗禱於神。後神語曰：「當以聰明奇慧子畀君。」又夢送五代
忠臣夏魯奇至，曰：「武臣也。」復以《中庸》十八章輔之。弘治元年戊申十
一月初六日，生公於京師之孝順胡衖。岐嶷穎達，十歲，母夫人教之句讀，
並授以唐絕句，輒成誦。又以筆管印紙作圈，令公書字於中，曰：「吾雖不知
書，然即此則楷正自可觀矣。」公奮志誦讀，不出外戶。戊午歲十一，作近
體詩有「一盞孤燈照玉堂」之句，石齋公曰：「句佳矣，但恨太孤寂耳。」不
悅。己未果罹母黃夫人憂，極其悲號，廢食骨立。未幾，祖母葉太夫人訃聞，
隨石齋公回蜀守制。留耕公授以《易》，兩旬而洽，不遺一字。擬作《古戰場
文》，有「青樓斷紅粉之魂，白日照翠苔之骨」數語，瑞虹公極稱賞。覆命擬
《過秦論》，留耕公奇之，曰：「吾家賈誼也。」一日，石齋公與瑞虹、龍崖
二公觀畫，問曰：「景之美者，人曰似畫。畫之佳者，人曰似真。孰為正？」
公舉元微之詩以對。龍崖曰：「詩亦未見佳，汝可更作。」公輒呈稿云：「會
心山水真如畫，名手丹青畫亦真。夢覺難分列禦寇，形影相贈晉詩人。」二
公曰：「只此四句，大勝前人矣。」時公年一十二。辛酉，石齋公服闋，公亦
入京師，有《過渭城送別》詩及《霜葉賦》詠馬嵬坡。詩云：「鳳輦匆匆下九
天，馬嵬西去路三千。漁陽鼙鼓煙塵裏，蜀棧鈴聲夜雨邊。方士遊魂招不返，
詞人長恨曲空傳。蛾眉尚有高邱在，戰骨潼關更可憐。」師福建鄉進士雪溪

魏先生濬，習舉子業。偶作《黃葉詩》。李文正公見之，曰：「此非尋常子所能，吾小友也。」乃進之門下，命擬《出師表》及傅奕《請沙汰僧尼表》。文正覽之，謂：「不減唐宋詞人。」弘治乙丑，侍石齋公於禮闈。時崔公銑試卷在分考劉武臣簾下，疑其深刻，未錄。公見之，愛其奇雋，以呈石齋公，遂擢《詩經》魁。崔知而以小座主稱焉，竟為生平知己。時公年一十八。正德丙寅，與同鄉士馮馴、石天柱、夏邦謨、劉景宇、程啟充為麗澤會，即墨藍田、永昌張含結社倡和。丁卯歸，應四川鄉試。督學南峰劉公面試而奇之，曰：「吾不能如歐陽公，乃得子如蘇軾。」是秋，果擢《易》魁。九月，安人王氏來嬪，清素僅如田家禮。十一月上禮部，戊辰春試。主考王公鏊、梁公儲得公文，已置首選卷。偶失燭，遂下第，有「空吟故國三千里，悔讀南華第二篇」之句。入國學，祭酒周公玉類試之，曰：「天下士也。」己巳，歷事禮部，周旋朝夕不倦。尚書劉公宇一日見公，問曰：「子為誰？」公對曰：「楊慎。」劉曰：「本部天下人，豈必一大臣子弟耶？」乃稱歎不置。辛未，禮部費公宏知貢舉；入總文衡，則靳公貴。擢公第二，殿試則及第第一。制策援史融經，敷陳弘劃，讀卷官李公東陽、劉公忠、楊公一清相與稱曰：「海涵地負，大放厥辭。」共慶朝廷得人，授翰林修撰。公時年二十四。癸酉，丁繼母喻夫人憂，居家讀《禮》，賻儀一無所受。學憲劉公節稱之曰：「禮不忘於口誦，義每絕乎幣交。」明年，藍、鄢諸寇作亂。公在邑城中，日夕戒嚴。有賊數百，詐稱官軍以劫門者。公令守雉堞者詰之，散去。乙亥服闋，冬十二月北上，舟至嘉定黃閣扁幾危，而得濟，遂與布政伍公符鄰舟倡和，下江陵。丙子入翰林，為經筵展書及校《文獻通考》。同館則鄒公守益、王公思、尹公襄、劉公泉、孫公紹祖、張公潮也。丁丑，為殿試掌卷官，得舒公芬策以呈，閣老梁公儲不置鼎魁。公力爭，乃得首第。時武皇遊幸宣、大、榆林諸邊，返而復往。公疏切諫，不報。乃以養疾乞歸。明年，王安人卒。己卯，繼室得遂寧黃簡肅公珂女。時江西寧藩之變，值石齋公當國。公《經廣漢》詩曰：「遊子戀所生，不獲常懷安。大哉宇宙內，吾道何盤桓。」庚辰九月，公北上，仍舊官。辛巳四月，世宗即位。五月，公為殿試受卷官。八月開經筵，公首作講官，進《尚書》「金作贖刑」之章，言聖人贖刑之制用於小過者，冀民自新之意。若大奸元惡，無可贖之理。時大閹張銳、于經等，皆犯先朝事，罪當死，以進金銀得免，故及之。壬午二月，命公代祀江瀆及蜀藩諸陵寢，著《江祀記》。與給事熊公浹、御史簡公霄遊浣花溪，載酒賦詩，有「煙

霞誰作主，魚鳥自相親。斗酒千金會，扁舟兩玉人」之句。十二月北上覆命。
癸未，纂修《武廟實錄》，公諫習朝典，事必直書。總裁蔣公冕、費公宏曰：
「官階雖未及，實堪副總裁者。」乃盡以草錄付校。時六年考滿，吏部侍郎
羅公欽順考公語曰：「文章克稱乎科名，慎修允協乎名字。」甲申七月，兩上
《議大禮疏》；嗣復跪門哭（諫）。中元日下獄；十七日廷杖之。二十七日復
杖之，斃而復蘇，謫戍雲南永昌衛。時同事死者、配者、黜者、左遷者一百
八人。挽舟由潞河而南，值先年被革挾怨諸人，募惡少隨以伺害。公知而備
之。至臨清，始散去。時公年三十七。乙酉正月，至雲南，病馳萬里，羸憊
特甚。棲棲旅中，方就醫藥，而巡撫台州黃公衷促且甚。公力疾冒險抵永昌，
幾不起。巡按郭公楠、清戎江公良材極為存護。卜館雲峰居之，且上疏乞宥
議禮諸臣，而郭亦被詔下獄為民。丙戌九月，聞石齋公寢疾，疋馬間道，十
九日至家。石齋公悅而疾愈。七月，攜家就戍所。十一月，尋甸府土舍安銓
變起。十二月，武定土舍鳳朝交亦起，攻掠城堡，為患孔棘。公歎曰：「此吾
效國之日也。」乃戎服率旅僮及步騎百餘，往援木密所，守禦八城，與副使
張崟謀固守。明日，賊來攻城，寧州土舍陸紹先率兵戰城下。公促城中兵鼓
譟開門出戰，以助外兵。賊散去，公復歸會城。戊子春，疫殍大作，乃徙居
洱海城。疫息，仍居雲峰。尚書伍公文定、黔國沐公紹勳、鎮守太監杜唐同
來問疾。時公一足病，有「半人嘲齞齒，一足笑虞夔」之句。己丑八月，寓
趙州，聞石齋公訃，奔告巡撫。歐陽公子重疏上，得歸襄事。十一月，還鎮
〔滇〕。壬辰正月，布政高公公韶聘修《雲南通志》，館於滇之武侯祠。時卿
大夫有欲冒嗣穎川侯傅友德以覬世爵者，公不可。乃乘張羅峰復相流言，欲
中害公。遂去，有「中宵風雨太多情，留住行人不放行。借問小西門外柳，
為誰相送為誰迎」之句。癸巳，西遊大理諸處。會禺山張公含於霽虹橋，刻
詩崖嶼以志別。甲午，阿迷州僉事王公廷表迎，往館之。經臨安，納少室新
喻人周氏。乙未六月，子同仁生。丙申，至喜州，訪給事楊弘山士云，復寓
點蒼山感通寺之寫韻樓。丁酉，與御史李中漢元陽遊石寶山。七月，還戍所。
戊戌，奉戎檄歸蜀，便道獲拜阡梓。事畢還滇。己亥十一月，再領戎役於重
慶道。庚子役事竣，至遂寧。七月，歸新都。八月，巡撫東阜劉公大謨聘公
及玉壘王公元正、方洲楊公各纂修《蜀志》。辛丑，還滇。至東瀘，疾作，巡
撫龍山戴公金留之。返成都，與梓谷黃公華、洱江劉公大昌遊青城、丹景、
雲臺諸山。壬寅七月，還戍所。八月，納少室北京人曹氏。癸卯十二月，子

寧仁生。公大喜，時當道與黔國沐公、交遊士夫俱詩章宴賀，有「天上麒麟
輝蜀水，海中龍馬過滇池」之句。是年，公復領戎役於蜀。甲辰至瀘州，與
少岷曾公璵遊九十九峰山。四月，還戍所。乙巳二月，徙居大理，與門生董
難尋罷谷山。經喜瞼，會弘山諸公倡和。九月還戍所。丙午丁未，居滇之高
嶢，有十二景，日與士大夫交遊。二月，公屬紹芳隸漢王褒《移金馬碧雞文》
於羅漢寺之崖。凡招提佳勝會意處，便操觚留題。冬十月，公復適臨安，訪
臬憲樊公景麟暨洞岡葉公，遊諸岩洞勝景。戊申春，至晉寧，與侍御池南唐
公錡遊海窰、蟠龍、生佛諸山陀。己酉，居高嶢。夏秋，每與滇之鄉大夫葉
兩湖、胡在軒遊。

初，武廟閱《文獻通考》天文，星名有「注張」；命內閣取《秘書通考》，
又作「注張」。中使下問欽天監及翰館中，皆莫知為何星也。公曰：「注張，
柳星也。」歷引《周禮》《史記》《漢書》以復。又，湖廣土官水盡源通塔平
長官司進貢。同官疑為三地名，於長官司上添一「三」字。公曰：「此六字地
名也。」取朝中官制證之。嘉靖初，給事中張狜上言時政，論學術不正一條，
有「矞宇嵬瑣」之語，上問之內閣。公適在館中，即取《荀子・非十二子篇》
以復。敬所蔣公喜曰：「用修之博，何減古之蘇頌乎！」其該洽精辨類如此。
乃若論王導之賊晉室，辨太王之非翦商，魯之重祭不始於成王、周公，春秋
五伯深斥乎楚、宋、秦繆，引《墨子》及《修文御覽》以辨范蠡無載西施之
事，引黃東發、蘇東坡之言及李漢《韓文序》以辨文公《與大顛書》之偽，
駁歐陽氏非非堂之說，辨陳白沙六經皆虛之語，斥戴石屏之無行，傳唐貴梅
之死節。此又證據古今，闡揚幽隱，謂其有功世教也非乎！至若陶情乎艷辭，
寄意於聲伎，落魄不羈，又公所以用晦行權，匪恒情所易測者也。昔重慶守
劉公繪貽公……

廷祿偕紹芳數遊昆明池，有《池賞詩社集》。庚戌四月，海口疏，雲南臺
司顧箬溪諸公請公記其事於石。壬子二月，時在逸武弁得委祭龍海口，歸肆
狂惑，復丁夫六千，督之往濬，剝眾利。州人苦之，有言於公者。公歎曰：
「海已涸矣，田已出矣，民已疲矣！」致書巡按趙公炳然，罷之。三月，劉
蓉峰明刑持先廷尉執齋王公詩文集，請公批選於太華寺。癸丑，公復領戎役
於蜀，僑寓瀘州。丁巳六月，長子同仁卒，無嗣。八月，歸新都。敘庵弟卒，
公痛悼倍於尋常。其誄辭有曰：「我生與弟，先後之年。呱呱而泣，形分氣連。
夏炎合簟，冬寒並氈。母攜父抱，偎濕就乾。八歲就傅，雙筆一研。嬉戲偕

止，出入隨肩。飲啖讓果，踥步共磚。」又曰：「七裒將躋，我歸自滇。兄酬弟勸，翕樂罔愆。觴我於庭，群從孚攣。劇談飛屑，倡和珠蠙。笑語亟斷，頃刻弗延。豈意宴席，化為几筵。遽爾凋喪，門祚中顛。幼弱一人，何忍餘捐。餘生則先，弟亡則前。前後存亡，誰質諸天。」其有愛至情見於辭者如此。至若保誨遺孤，紀綱家政，既乃心力。從子有仁以髫年失怙，而幸免於顛覆者，皆公惠之及也。戊午，子寧仁娶瀘州滕恩官女為室。公僑寓江陽者十數年，交遊日眾，與曾岷野、章後齋諸公友善。己未春，還戍所。六月，遘疾。《感懷》詩曰：「七十餘生已白頭，明明律例許歸休。歸休已作巴江叟，重到翻為滇海囚。遷讁本非明主意，網羅巧中細人謀。故園先隴癡兒女，泉下傷心也淚流。」又，《訣李張唐三公》詩云：「魑魁御客八千里，羲皇上人四十年。怨誹不學離騷侶，正葩仍為風雅仙。知我罪我春秋筆，今吾故吾逍遙篇。中溪（李元陽）半谷（張含）池南（唐錡〔錡〕）叟，此意非公誰與傳。」卒於七月六日，年七十有二。時巡撫雲南遊公居敬命殯歸新都。庚申冬，祔葬石齋公墓側。丁卯，穆宗即位，奉遺詔追贈光祿寺少卿。長子同仁先卒，次子寧仁時寓瀘州。公卒之年，夫人黃至瀘迎歸，撫教則夫人任之也。公孝友性植，穎敏過人，家學相承，益以該博。凡宇宙名物之廣、經史百家之奧，下至稗官小說之微、醫卜技能草木蟲魚之細，靡不究心多識，闡其理，博其趣，而訂其訛謬焉。正德間，有寄書曰：「凡人情有所寄則有所忘，有所譏則有所棄。寄之不深，則忘之不遠。譏之不甚，則棄之不篤。忘之遠則我無所貪，棄之篤則人無所忌。無所忌而後能安，無所貪而後能適。足下所為，蓋得其適與安也。古人買田宅，擁聲伎，皆豪傑蓋世之才，然獨無抱尺寸者之見也。僕觀足下自蒙難以來，嘔以匠意，摹文續經，延搜百氏，窮探古蹟，鑿石辨剝泐，破塚出遺忘，有僻儒苦士白首蓬藋、日自纂索所不能盡，而謂竭精蕩神於逸欲聲色者能之乎？」斯言也，可謂諒公之深者矣。公嘗語人曰：「資性不足恃，日新德業，當自心力中來。」故好學窮理，老而不倦。又嘗自贊曰：「臨利不敢先人，見義不敢後身。雖無補於事業，要不負乎君親。遭逢太平，以處安邊；歌詠擊壤，以終餘生。天之顧畀，厚矣篤矣；吾之涯分，止矣足矣。蓋困而亨，沖而盈，寵為辱，平為福者耶。」此公自狀實錄。至其生平著述四百餘種，散逸頗多，學者恨未睹其全也。按：今坊刻《升菴全集》不列此譜，使人知其人不能論其世，故具錄之。（卷四，第 7～18 頁）

二、據臺灣《筆記小說大觀》所收十六卷本《南越筆記》輯錄。

五月五日

粵中五月採蓮競渡，至五日乃止。廣州奪標較勝，有逾月者。今此風已戢，惟大洲龍船高大如海舶，具魚龍百戲。積物力至三十年一出，出則諸鄉舟行以從，懸花球繡囊，香溢珠海。（卷一，第 20 編，第 6072 頁）

沈　初

沈初（1735～1799），字景初，號萃岩，別號雲椒，浙江平湖（今屬嘉興市）人。清乾隆壬午（二十七年，1762）召試授內閣中書，癸未（二十八年，1763）進士及第第二人。初，五歲即能辨四聲，稍長研究諸經，旁通子史，詩文沿波討源，為諸前輩推服。通籍後命直內廷，賡歌矢音，殆無虛日。由侍講學士詹事洊擢禮部、兵部侍郎，充會試副總裁官。視學福建、順天、江蘇、江西諸大省，所拔皆績學士。每奉諭旨，以好學政目之。進左都御史，尋授兵部尚書，調吏部，又調戶部，仍權吏部，主順天鄉試。遭遇之隆，數十年如一日。入贊樞務，精白一心，不立異，亦不苟同。卒諡文恪。其工詩古文詞，江南文士宗之。著有《蘭韻堂詩文集》等。見《揚州畫舫錄》卷十、《兩浙輶軒錄》卷三十一、《湖海詩傳》卷二十八、《清史稿》卷三五一、《晚晴簃詩匯》卷九十二等。

茲據《清代詩文集彙編》所收二卷本《西清筆記》輯錄。

大帽*

天祿琳琅所藏宋版《漢書》，即歷趙文敏、王弇州所藏本也。前有文敏小像一葉，首戴黑圓帽，四周有邊，如今伶人所呼「大帽」。（卷二《紀名跡》，第 367 冊，第 608 頁）

陸雲錦

陸雲錦（1736～1795），字文裏，號耕霞、蓉裳，江蘇婁東（今屬蘇州市）人。清乾隆三十九年（1774）舉人。端雅博學，善畫人物、花卉，精於山水，有沈周氣韻。（李峰、湯鈺林編著：《蘇州歷代人物大辭典》，上海辭書出版社 2016 年版，第 473 頁）

茲據清嘉慶八年刊四卷本《芝庵雜記》輯錄。

優人不避諱

《應庵隨錄》云：古之優人，於御前嘲笑，不但不避貴戚大臣，雖天子、后妃亦無所諱。唐中宗時，裴談為御史大夫，妻悍妒，談畏之。一日內宴，優人唱《回波詞》。中一優大唱云：「回波爾時栲栳，怕婦也是大好。外間只有裴談，內裏無過李老。」「李老」，蓋指中宗懼韋后也。時后亦在，聞之，意色自得，以至賤之。伶優面斥天子為「李老」，又直呼大臣之名而俱安之，中宗之時事可知矣。（卷三，第 7 頁）

假面

《陔餘叢考》云：假面蓋起於《周禮》「方相氏黃金四目以逐鬼」。《後漢書·禮儀志》「大儺之儀，以木面獸為儺」，其濫觴也。至如高齊蘭陵王長恭潔白類婦人，乃著假面，與周師戰於金塘，勇冠三軍。齊人壯之，為蘭陵舞，以傚其指麾擊刺之容。又齊神武圍玉璧，城中出鐵面拒守。宋狄青每戰，帶鐵面具。此假面之見於史傳者，則以鐵為之，軍旅所用也。《老學庵筆記》：政和中，敕桂府進面具，桂帥進一具，少之，及開視，則一副共八百餘件，

老少妍醜，無一相似。此則後世俳優之假面耳。（卷三，第 8 頁）

編者案：此條與〔清〕趙翼《陔餘叢考》（清乾隆五十五年湛貽堂刻本）卷三十三所收「假面」條略同，拙編《清代散見戲曲史料彙編（筆記卷・初編）》（臺灣花木蘭文化出版社 2017 年版）已收。

梁山伯祝英臺

《菽園雜記》云：梁山伯祝英臺事，自幼聞之，以其無稽，不之道也。近覽《寧波志》，梁祝皆東晉人。梁家會稽，祝家上虞，嘗同學。祝先歸，梁後過上虞尋訪之，始知為女。歸乃告父母，欲娶之，而祝已許馬氏子矣。梁悵然若有所失。後三年，梁為鄞令，病死，遺言葬清道山下。又明年，祝適馬氏，過其處，風濤大作，舟不能進。祝乃造梁冢，失聲哀慟。忽地裂，祝投而死焉。馬氏聞其事於朝，丞相謝安請封為義婦。和帝時，梁復顯靈異，效勞於國，封為忠義。有司立廟於鄞云。吳中有花蝴蝶，橘蠹所化也。婦孺以梁山伯、祝英臺呼之。（卷三，第 10 頁）

明人演戲多扮近事

《明史》：魏忠賢黨石三畏赴威〔戚〕畹宴，既醉，誤令優人演《劉瑾酗酒》一劇。忠賢聞之大怒，遂削籍歸。《香祖筆記》云：海鹽有優兒金鳳，以色幸於嚴東樓，非金則寢食弗甘。嚴氏敗後，金既衰老，而《鳴鳳記》傳奇盛行。於是金復傅粉塗墨，扮東樓焉。《板橋雜志》云：馬湘蘭負盛名，與王伯穀為文字飲。鄭應尼落第來遊，湘頗不禮。應尼乃作《白練裙》雜劇，極其嘲謔，召湘蘭觀之。（卷三，第 17～18 頁）

編者案：此條與〔清〕趙翼《陔餘叢考》（清乾隆五十五年湛貽堂刻本）卷二十所收「明人演戲多扮近事」條略同，拙編《清代散見戲曲史料彙編（筆記卷・初編）》（臺灣花木蘭文化出版社 2017 年版）已收。

蘇州擊閹不始於顏佩韋

《寓園雜記》云：正德中，有妖人王臣，同中官王敬採藥各省。至蘇州，凡江南之書畫器玩，檢括殆盡。復以妖書數十本，命府學諸生手抄。屢抄不中，實欲得賄。諸生無所出，因致罰於學官。有生員王順等數十人，大怒，適樵擔至，遂各取一木，將擊臣。臣懼匿，其下人皆被毆。中官奏諸生抗命，賴巡撫王恕持之，因奏二人不法，王臣遂斬於市。又《湧幢小品》云：蕭景

腆為長洲尉。有織造太監張志聰恣橫，長洲令郭波持之。志聰憤，執而倒曳之車後。景腆率所部官兵直前追奪，手批志聰，落其帽。市民觀者咸張氣，梯屋飛瓦，群擲志聰，志聰遁去。吳中為景腆立「仗義英風」之碑於長洲縣門。又，《明史》本紀：萬曆二十九年蘇州民變，殺織造中官孫隆參隨數人。（卷三，第23～24頁）

編者案：此條與〔清〕趙翼《陔餘叢考》（清乾隆五十五年湛貽堂刻本）卷二十所收「蘇州擊閹不始於顏佩韋」條略同，拙編《清代散見戲曲史料彙編（筆記卷·初編）》（臺灣花木蘭文化出版社2017年版）已收。

閣老餅

《治世餘聞》云：邱瓊臺嘗以糯米淘淨，拌水粉之，瀝乾，計粉二分、白麵一分，搜和團為餅，其中餡隨用，熯熟為供，軟膩甚適口，以此餅託中官進上。上食之嘉，命尚膳監效為之。進食不中式，司膳者俱被責，蓋不知邱之法制耳。因請之，邱不告以故。中官歎曰：「以飲食服飾、車馬器用進上取寵，此吾內臣供奉之職，非宰相事也。」識者貴其言而鄙邱，由是京師傳為閣老餅。（卷四，第24頁）

編者案：丘濬（1420～1495），字仲深，號瓊山，別號瓊臺、深庵。明代戲曲家，作有傳奇《伍倫全備記》，即《伍倫記》《投筆記》《舉鼎記》《羅囊記》《龍泉記》五種。

長白浩歌子

長白浩歌子者，一般認為即尹慶蘭。尹慶蘭（1736？～1788），字似村，本姓章佳氏，祖籍遼東，滿洲鑲黃旗人，文端公尹繼善第六子，曾被乾隆帝欽點為秀才，然不汲汲於功名。與袁枚交善，耽於詩畫，終老布衣。

《螢窗異草》初、二、三編各四卷。魯迅《中國小說史略》謂：「似乾隆中作，別有四編四卷，乃書估偽造。」齊魯書社 2004 年版整理本，以申報館叢書本為底本，校以他本。茲據此整理本輯錄。

白衣庵

時大理某宦有名班，因諂其父以重金，羅而致之。亞九遂為優於滇，聲容並妙，名擅梨園。每一謳，座客爭為纏頭，諸伶咸愧其不及。年十七，頗存壯志，不以柔媚自甘。一日演《泣魚記》於鄉，亞九扮龍陽君，大為假楚王所窘，不勝忿忿。至夜，乘其醉，手刃之，亡命入蜀，轉折至秦。每言曰：「大丈夫以鬚眉之身為巾幗之態，既已辱人，況復受狂且輕薄耶？」因是不再業歌，人亦無知其優者。……未明即行，長裙蔽足，猶有所慮，乃命劉密制女舄，盡夜而成。已遂削木為寸趾，裹以膝袴，盛以蓮鉤，縛束於足下。踏之步履，竟能如飛。蓋其為優時，熟習之長技也。（初編卷二，第 63 頁）

蘇緒

元皇統中，（蘇緒）以事羈跡於燕，久未得歸。……甫及門側，俄聞宅第中金鼓大作，如演弋陽劇焉。心益歆動，潛往窺之，即亦無人訶止。歷門三重，直達廳事。堂上銀燭高燒，賓主十餘席，優人隊舞而前，亦莫辨為何曲，

簫管敖曹，間以笑語而已。……方將展問官閣，俄而鉦鳴若雷，鐃喧如沸，優人扮鬼十數，共執一人，當場而支解之。手足割裂，臟腑狼藉，血雨腥風，撲鼻慘目。蘇素未睹此，不覺大驚，以袂自障其面，汗如雨下，耳邊惟聞嘶痛之聲，股慄欲走。良久，張目視之，寄身廊廡，蓋已霍然愈矣，始知其夢，且歎其奇。（初編卷四，第 110～111 頁）

白雲叟

又有美人四五，皆妙選，羽衣星瑙，麗容稚齒，自簾中出，為主人捧觴，盧（之椿）益莫測所自。詢之，叟答曰：「家樂也。」（二編卷一，第 138 頁）

鏡兒

外史氏曰：閒常觀劇，至《雷峰塔》傳奇，事雖不經，而每恨法海老髡敗人清興。及聞此事，老和尚甚諳人情，當是第一尊活佛出世。而究其源，本實出於儒，乃有此惻隱仁恕之心。不然，心既定矣，又烏知鏡兒之為鏡兒，為成此一段奇緣，使之流傳千古也哉？（二編卷四，第 231 頁）

翠微娘子

正倉皇間，聞旅人相語曰：「明夕宿處，當有劇可觀，盍遄行。」因盛稱其聲容，洋洋盈耳。乙時方抱悶，頓思一往，以暢鬱懷。乃復早旦啟行，跋涉又將百里。及至其處，天尚未暝，亦不謀所棲止，先往觀焉。適演《千金記》，霸王揮戈，韓侯命將，場上幾無隙地。而鉦鼓雷鳴，敖曹聒耳，頗可泄人幽鬱。乙鵠立眾中，看至終場。（二編卷四，第 232 頁）

女南柯

又有梨園一隊，以劇目呈上。王揀《南柯記》數折，梨園乃即席扮演。蘭默然，王笑謂之曰：「我與卿今日亦同此奇遇者也。」蘭不能解。無何，蓮漏已催，霓裳罷舞。小鬟報曰：「三星在簷，可以寢矣。」乃以絳紗籠燭引王與蘭歸寢殿。王執蘭手曰：「卿慕魚水之樂耶？寡人得子，亦如魚得水耳。」因先解衣就枕，小鬟促蘭卸妝。蘭猶靦腆，眾遂代寬衣縷，擁之入帳，與王勉成歡好。王因口占以贈曰：「豔自生前得，情從夢裏來。早知魚水樂，不羨楚陽臺。」蘭性敏捷，亦口占以酬之曰：「雨露花間過，恩波枕畔來。莫教紈扇冷，勝築避風臺。」吟訖，王大悅，益深眷愛，挽其項曰：「卿故今

時之道韁也。」早起晨妝，小鬟進飛鳳之冠，明珠之履，翠鈿玉瑱，錦衣繡裳，妝束一如妃主，且藏其故者於笥曰：「敝帷不忘，況君夫人微時之服乎？」三朝，王乃大餉群臣，號曰「魚水宴」，賀者皆以詩。……錢塘令陳公范任時，內子陸孺人亦閩中閨秀也，慕其名，時一過從。因得其梗概，為作《魚水緣》傳奇，至今猶膾炙人口焉。

外史氏曰：嘗讀玉茗《南柯》，憎其似幻而不似真。蓋凡人夢中啼笑，不可謂之無情，夢固由情而生也。（二編卷四，第 243、247 頁）

盧京

盧京，本名京兒，以妙齡絕色為優於都中，名噪一時。秀水某孝廉，以候選在都，見而悅之，恒流連不去。孝廉縶貧，囊空如洗，不能出纏頭費，惟於演劇處所，攜百錢日往一遊，駕言觀場，實則意有所為也。京師名園數十處，每以班名揭於市。孝廉偵之，得其所在，輒竭杖頭物，奔赴恐後，雖遠弗辭。至則息慮凝神，木坐於場側，盧出則翹首以觀，盧入則曲肱以臥。且於其來也，若睹名畫，注目弗移；其去也，若送飛鴻，神往不已。場上一嚬，孝廉亦為之一嚬；場上一笑，孝廉亦為之一笑。雖諸伶紛沓盈場，而精神有所專主。耳之所聞，非盧若無聞也；目之所見，非盧若無見也。或問所演何劇，則答曰：「予烏能知？」於是戲癡之名，同鄉人咸傳為笑柄。乃盧以色藝擅長，自矜得意，目中初未有此一人。比及年餘，竟無虛日，其坐則尺寸不移，其態則初終不易，目孜孜而神戀戀，只專注於己身，盧亦微有所覺。始猶竊笑，久而以為奇。益陰伺之，孝廉之若送若迎，直將性命之不恤，盧亦不禁感動。既而不得其名，叩之園主，則笑曰：「此戲癡也，隨子有年矣，子故未之知耶？」盧深以為異，更物色之，得其詳。則雖登桂榜，實守寒氈，非能向梨園中買笑者，心益憐之。躊躇數日，竟棄其業，席捲所有歸孝廉。見即泣拜於地，請為僕。孝廉雖鍾情有素，初不虞其自來，不禁駭然。力辭之，而並詰其故，對曰：「非敢有他意，感君之青盼，使人不能自已耳。」繼以號泣，卒不肯去，孝廉因留之。盧晝則青衣若廝養，代孝廉執炊；夜則市斗酒，易女妝，歌舞氍毹之上，以悅其意。及孝廉將寢，則辭出曰：「非愛此殘軀，深慮損公盛德。」孝廉習之已久，亦愛而重之。而賦性聰敏，倚之如左右手。迨選期將屆，盧又出己資數百金，為孝廉營幹，得銓大邑。孝廉素鮮積蓄，一切赴官之需舉出於盧，倍甚感激。抵任，命總衙務，輒辭不諳，曰：「從公本以酬知，若如此，

是以為奇貨可居也。況優人用事，上憲將為之寒心。」竟不受。故從宦十年，反不若綺筵數夕。及孝廉卒於官，代紀其家，扶柩歸里。臨穴一慟，始辭歸。晚年至京，貧且老，以教歌為活。有浙人知其事者，或以孝廉語之，輒流涕不止，以為失生平第一知己。

　　外史氏曰：人謂孝廉為情癡，而不知盧之情癡視孝廉為尤甚。何則？辭紛華之境，甘淡泊之天，惟讀書明理者能之，此曹何望焉？乃因一顧之知，從以十年之久。事出優伶，殊為可異。若孝廉者，以青白眼待旦，未聞以青白眼待人，尚不免見笑於步兵。抑余聞之，有陶公名某，以甲科授張掖令，下車之始，謹飭時聞。且年逼耳順，簿書而外只以一卷自隨。終歲始召優演劇，蓋亦周旋僚友之故也。甘郡某班有旦，名悅生，陸姓，貌頗秀媚。一日奏技於署中，公瞥見之，情不能遏，竟留為近侍，朝夕弗離，所賞賚無算。悅生又媚諸公子，中菁喧爭，人為掩口。後公將離任，悅生以萬金兔脫而遁，公亦因色致疾，幾不起。嗚呼！不見可欲，使心不亂。如陶公者猶不免於陸沉，豈孝廉之佳遇可以幸致也耶？（三編卷四，第399～400頁）

和邦額

和邦額（1736～？），字閭齋，號霽園主人，滿洲鑲黃旗人。清乾隆三十九年（1774）中舉，後任山西樂平縣令。乾隆四十四年（1779）寫成《夜譚隨錄》。（錢仲聯等：《中國文學大辭典（修訂本）》下冊，上海辭書出版社 2000 年版，第 1852 頁）

茲據清乾隆辛亥年（五十六年，1791）刻十二卷本《夜譚隨錄》輯錄。

李翹之

石商李翹之，名林魁，五臺人。其微時為石工以食力，嘗與同行者十餘輩，往村中觀劇，二更始歸。（卷一，第 35 頁）

倩霞

汀鎮右營游擊李錦，為予言：耿精忠封閩時，驕奢淫暴。……藩府多梨園子弟，皆極一時之選。有貼旦名珍兒者，尤姣媚。耿少子與結斷裏〔袖〕之契。（卷三，第 17、22 頁）

某掌班

黎園掌班某，押班赴薊州演劇，半月始歸。路經某村，村中某乙夙與有交，便道就之，甚見款洽。乙園亭幽邃，足以有裝。某及六七老伶，並宿一廳。廳新淨，四壁皓然，紙糊如雪。夜飲盡歡，乙辭去。諸伶興未闌，結伴擲色。（卷四，第 40 頁）

霍筠

　　大興霍筌、霍筠、霍簹。……筌妻賈、簹妻王，亦妬而不明理者。……會元夜，相與籌劃，布盛宴，邀宜春及蕊兒入城踏燈。王親往迎之，強而後可。宜春翠被紅絢，蕊兒錦裙繡襖而至。筌、簹鞠之於門。既而入席，命梨園演《肉蒲團》，極其穢褻。（卷九，第 1，11～12 頁）

秀姑

　　蘭岩曰：嘗讀《西廂記》而歎夫人之俗也，以家無白衣壻，促張生就道，且誓以必獲榮貴，何其不近情也！（卷十，第 11 頁）

錢德蒼

　　錢德蒼，字沛思，號慎齋、鏡心居士、古泉居士，江蘇長洲（今蘇州市）人，清乾隆間在世。人稱其髫年英俊、屢困場屋。然豪放不羈，性好音律。抱經濟之才而浪跡江湖，刻羽引商，流連歌場。在當地開設寶仁堂書坊。曾在前人戲曲選本的基礎上，花十餘年工夫，編就《綴白裘》一書，收錄八十餘部劇作的四百多個單齣。凡十二編四十八集，次第由寶仁堂刊出。亦刊《岳武穆精忠傳》《說呼全傳》等通俗小說多種，且於乾隆二十六年（1761）出版《增訂解人頤廣集》。

　　茲據清光緒乙酉年（十一年，1885）刊八卷本《增訂解人頤廣集》輯錄。

陰教四言佳語

　　閨門之內，風化之由。惡聲一露，潑水難收。

　　……

　　休觀戲文，莫教子弟。看出好樣，弄出把戲。

　　吟風弄月，玩景遊春，登山入廟，都沒正經。（卷之一《懿行集》，第5～6頁）

對玉環帶清江引

　　畫棟雕樑。推收紙半張。綠鬢紅妝。消除淚幾行。此事本尋常。漫說多磨障。百草芬芳。須防秋降霜。萬木萎黃。須思春再陽。假如傀儡一登場。多少悲歡狀。旁人費忖量。兀自生惆悵。不知刊定傳奇上。（卷之二《達觀集》，第2頁）

小青詩

稽首慈雲大士前，莫生西土莫生天。願為一滴楊枝水，灑作人間並蒂蓮。

春衫血淚點輕紗，吹入林逋處士家。嶺上梅花三百樹，一時應變杜鵑花。

新妝竟與畫圖爭，知在昭陽第幾名。瘦影自臨春水照，卿須憐我我憐卿。

西陵芳草騎轔轔，內信傳來喚踏春。杯酒自澆蘇小墓，可知妾是意中人。

冷雨幽窗不可聽，挑燈閒看《牡丹亭》。世間亦有癡如我，豈獨傷心是小青。

脈脈溶溶灩灩波，芙蓉睡醒欲如何？妾映鏡中花映水，不知秋思落誰多。

盈盈金谷女班頭，一曲驪珠眾妓收。值得樓前身一死，季倫原是假風流。

鄉心不畏雨峰高，昨夜慈親入夢遙。說是浙江潮有信，浙潮爭似廣陵潮。

百結迴腸寫淚痕，重來惟有舊朱門。夕陽一片桃花影，知是亭亭倩女魂。[1]（卷之三《縈思集》，第 15 頁）

編者案：[1]〔清〕張潮《虞初新志》所收《小青傳》亦載錄此詩，但略有不同。「冷雨幽窗」後原有「何處雙禽」一首，本作未收，卻增出末一首「百結迴腸」，故錄之。

玉堂巧對

一才士偶成一對云：「冬夜燈前，夏侯氏讀《春秋傳》。」無有能對者，後請乩仙，方對云：「東門樓上，南京人唱《北西廂》。」

揚州有二舉人慾專小民之利，一治酒請柴行，一演戲邀屠戶。有作一對以嘲之云：「吏春元整廣晏〔席宴〕柴行，且救燃眉之急；將孝廉演劇邀屠戶，遂成刎頸之交。」（卷之四《博趣集》，第 10 頁）

集成戲目七言絕句〔律〕四首

玉簪連理翡翠鈿，畫中人去奈何天。焚香欲拜鴛鴦冢，投筆愁看燕子箋。一種情多萬事足，喜奇緣少想當然。白羅衫染雙紅淚，水滸桃花笑獨眠。

紅梨花發遍春園，拜月陳情祗自然。喜慶有餘惟異夢，癡情不斷是還魂。玉簪妝盒晨開匣，金鎖幽閨晚閉門。彈罷琵琶檢書讀，翠屏山外數聲猿。

百花亭上占花魁，才貌緣中女秀才。療妬羹休烹白兔，續情燈已照紅梅。懶妝釵釧金釵〔鈿〕盒，閒解連環玉鏡臺。四節何時開口笑，繡襦還帶淚痕裁。

檢看南樓百寶箱，明珠猶在舊羅囊。君提寶劍清風塞，妾守荊釵灑雪堂。嶺外驚鴻蕉帕繫，池邊躍鯉錦箋藏。西遊塞上馬陵道，東郭邯鄲是故鄉。（卷之四《滌煩集》，第17～18頁）

天干地支謎

耍孩兒，半夜生（子）。更漏子，應雞鳴（丑）。下山虎，伏晨光褪（寅）。香柳娘，拋閃水蘭亭（卯）。混江龍，卻有誰行問（辰）？阮郎歸，撥草來尋（巳）。踏莎行，馬探南方信（午）。山坡羊，來處少同人（未）。泣顏回，懷中抱一猢猻（申）。好事近，日落山醺（酉）。月兒高上黃昏靜（戌）。念奴嬌，半刻難分（亥）。

上用曲牌名猜地支十二字。（卷之五《消悶集》，第2頁）

曲牌名

別來懷恨積奴腸（【繫人心】），刺鳳描鸞罷繡筐（【繡停針】）。欲寫衷腸無片紙（【意不盡】），慵妝蛾黛少張郎（【懶畫眉】）。

金屋嬋娟影在東（【錦堂月】），情人有約總成空（【誤佳期】）。記得少年騎竹馬（【耍孩兒】），看看又是白頭翁（【鮑老催】）。

花落殘紅遍地鮮（【鋪地錦】），沉吟抱怨未成眠（【哭相思】）。鏡鸞塵掩頻頻倚（【倚妝臺】），盼恨良人各一天（【望遠行】）。（卷之五《消悶集》，第4頁）

編者案：此則史料亦見《堅瓠戊集》卷三「曲牌名謎」條。

袁籜庵軍字黃鶯兒

運退走他方，諢夫言，輝少光，渾家汲水都傾蕩。褌兮衣藏，葷兮草傷，帽兒蓋在車兒上。鄆邑亡，指揮才少，勾補子孫當。（卷之五《消悶集》，第5頁）

屠赤水

屠赤水曰：蓬門掩兮井徑荒，青苔滿兮履綦絕。園種邵平之瓜，門栽先生之柳。曉起呼童子，問山桃落乎，辛夷開未？手甕灌花，除去蟲絲蛛網。於是不巾不履，坐北窗，披涼風，焚好香，烹苦茗，忽見異鳥來鳴樹間。少倦，即竹床藤枕，一覺美睡，蕭然無夢，即夢亦不離竹徑花塢之旁。醒而起，徐行數十步，則霞光凌亂，月在高梧。妻孥來告，詰朝廚中無米。笑而笑〔答〕之，

明日之事有明日在，且無負梧桐月色也。婦亦頗領此意，相對怡然。（卷之五《高致集》，第17～18頁）

編者案：屠隆（1543～1605），字長卿、緯真，號赤水、鴻苞居士等，鄞縣（今浙江寧波）人。明代戲曲家，作有傳奇《曇花記》《彩毫記》《修文記》，合稱《鳳儀閣樂府》。

謙和類　　附「含忍」

唐王播，少孤貧，客揚州惠照寺木蘭院，不能自給，每隨僧餮粥。寺規鳴鐘會食，久而慢怠，乃飯過擊鍾。播甚不平，勉為含忍。因題壁云：「上堂禪位各西東，慚愧闍黎飯後鐘。」後二紀出鎮襄陽。復訪舊遊，因見向日所詠以紗罩罩之，續題云：「二十年前塵撲面，而今始得碧紗籠。」又吟感舊一絕云：「二十年前此地遊，木蘭花發院重修。於今再到經行處，樹老花殘僧白頭。」（卷之六《樹德集》，第11頁）

編者案：王播飯鍾事，〔元〕王實甫《呂蒙正風雪破窯記》化用之。〔清〕來集之所作雜劇《碧紗籠》、〔清〕周墂所作傳奇《詩籠》直用其事。

詼諧類

王磐家失雞，家僮詈罵。公戲作《滿庭芳》詞云：「平生澹泊，雞兒不見，童子休焦。家家都有閒鍋灶，任意烹庖。煮湯的貼他半捆草燒，穿炒的助他一把胡椒。到省了開東道，免卻朝報曉，直睡到日頭高。」

昔徐〔王〕元美名重一時。居太倉，有里中富翁宴客，以臭鱉為饌，生梨為果。王與席，舉杯笑云：「世上萬般愁苦事，無過死鱉與生梨。」

王百穀初令太和，一日坐堂放告，一士公服昂然而進曰：「一等生員告狀。」百穀斂容，徐答曰：「三甲進士不准。」胥吏無不掩口而笑。

戲子一班沒生意，同往鄉間覓食。見一乞兒問曰：「此處有富貴人家否？」乞兒唱曰：「一直走，轉個灣，粉牆裏面紅欄杆。他家有喜事，正在覓梨園。」戲子大驚曰：「此處教化的都會唱曲，奪生意者多，往別處去罷！」（卷之六《博雅集》，第14～15頁）

澹雅風流類

虞長孺曰：「天地一小梨園也。」

尤展成戲作一對云：「世界小梨園，牽帝王卿相為傀儡，二十一史演成一

部傳奇；佛門大養濟，收鰥寡孤獨作邱尼，億千萬人遍受十方供養。」（卷之七《超群集》，第 1 頁）

劉達生與余集生書

世間極認真事曰「做官」，極虛幻事曰「做戲」。而弟竊愚甚，每於場上見歌哭笑罵打諢插科，便確認為真真。不在所打扮古人，而在此扮古人之戲子，一一俱有父母妻兒，一一俱要養父母、活妻兒，一一俱靠歌哭笑罵，打諢插科去養父母、活妻兒，此戲子乃真古人也。又每自於頂冠束帶、妝模做樣之際，儼然自道一真官，天下亦無一人疑我為戲子者。正不知打恭看坐、歡顏笑口，與夫作色正容、凜莫敢犯之官人，實即此養父母、活妻兒，歌哭笑罵，打諢插科，假扮之戲子耳。乃拏定一戲場戲具、戲本戲腔，至五臟六腑全為戲用，而自亦不覺為真戲子。悲夫！有此遊戲神通之筆，上可以陪玉皇大帝，下可以陪卑田院乞兒，總是認真不得。諺云：「認了真，冷水沒得吞也。」（卷之七《寄懷集》，第 12 頁）

遊戲主人

遊戲主人，約清乾隆間在世，生平不詳。

茲據臺灣《筆記小說大觀》所收四卷本《新刻閒談笑語》輯錄。

看戲

有演《琵琶記》者，而我《關公斬貂蟬》。有鄉人見之，泣曰：「好個孝順媳婦，辛苦了一生，竟被那紅臉蠻子害了。」（卷之四，第 20 編，第 5847 頁）

演戲

有演《琵琶記》者，我戲是《荊釵逼嫁》。忽有人歎曰：「戲不可不看，極是長學問的。今日方知蔡伯喈的母親，就是王十朋的丈母。」（卷之四，第 20 編，第 5847 頁）

戴　璐

戴璐（1739～1806），字敏夫，號菔塘、吟梅居士，浙江長興（今屬湖州市）人。清乾隆二十八年（1763）進士，由工部主事累官至太僕寺卿。後主揚州梅花書院。（張搗之、沈起煒、劉德重主編：《中國歷代人名大辭典》下冊，上海古籍出版社 1999 年版，第 2560 頁）

茲據《續修四庫全書》所收十二卷本《藤陰雜記》輯錄。

司官曲*

韓春湖（朝衡），杭州人，丙戌翰林，改吏部。嘗填曲述司官況味，窮形盡相，一時傳誦。

其《司嘲》云：「謾道司曹。地位清高。文章收拾簿書勞。上衙門走遭。笑當年指望京官好。到如今低心下氣空愁惱。要解到個中辛苦耐人熬。聽從頭說曉。　　幾曾見傘扇旗鑼紅黑帽。叫名官從來不坐轎。只一輛破車兒代腿跑。剩有個跟班的夾墊馱包。傍天明將驢套。再休題遊翰苑三戰清標。只落得進司門一聲短道。　　辦事費推敲。手不停披目昏眊。那案情律意多用心操。還有滑經承弄筆蹊蹺。與那疲貼寫行文顛倒。細商量坐把精神耗。才得回堂說稿。　　大人的聰明洞照。中堂的度量容包。單只為一字寬嚴須計較。小司官費盡周旋敢挫撓。從今那復容高傲。免不得改稿時顛頭簸腦。說堂時垂手呵腰。　　西苑路徑遙。候堂官偏難湊巧。東閣事更饒。抄案件常防欠早。受用些汗流夾背的秋陽照。沙飛撲面的冬風暴。那顧得股顫心搖。腸枯舌燥。　　百忙中錯誤真難保。暗地裏隻眼先瞧。敢只望乞面去捱些臉燥。那知到吃雷回唬得魂銷。若是例難逃。律不饒。忙檢舉也半邊兒焦。只

－257－

怕因公罣誤幾降調。幸得霹靂聲高雨點小。趕辦過平安暫報。　　公堂事了。拜客去、西頭路須先到。約債去、東頭路須親造。急歸家、柵閉溝開沿路繞。淡飯兒才一飽。破被兒將一覺。奈有個枕邊人卻把家常道。　　道只道非絮叨。你清俸無多用度饒。房主的租銀促早。家人的工錢怪少。這一隻空鍋兒等米淘。那一座冷爐兒待炭燒。且莫管小兒索食傍門號。眼看著啞巴牲口無麩草。況明朝幾家分子，典當沒分毫。　　空煩擾。空煩擾。五旬外頭顱老。休嗟悼。休嗟悼。千里外家山邈。無文貌。沒相巧。怪不得辦事徒勞。陞官尚早。　　回頭顧影空堪笑。把平生壯氣半向近年銷。這便是那司官行樂圖兒信手描。」

《司慰》云：「薄宦天涯。首善京華。公餘隨伴散司衙。任逍遙似咱。便無多錢鈔供揮灑。較似他風塵俗吏殊高雅。再休為長安清況輒嗟呀。且銜杯細話。　　有多少宦海茫茫籲可怕。那風波陡起天來大。單聽得轎兒前喝道喧嘩。可知那心兒裏歷亂如麻。到頭來空傾軋。霎時間升美缺錦上添花。驀地裏被嚴參山頭落馬。　　你我赴官衙。坐道從容盡瀟灑。只照常辦事便不爭差。可有急公文特地行查。與那緊差使橫空派下。所言公案無多寡。將依樣葫蘆便畫。　　特題的才能俊雅。推升的器識清華。便只要頸上朝珠將就掛。到其間科道挨班分定咱。何須一等誇京察。但盼個學政兒三年稅駕。試差兒一榜通家。　　頻年俸漸加。添置些綿衣布襪。挨時米不差。穀養個車夫奶媽。一任咱壺冰貯水消炎夏。爐煤聚火煨殘臘。且落得釀酒栽花。題詩品畫。　　客何來幾句閒談罷。忙捧上大葉清茶。他待要決勝負一枰對下。我還與叶宮商絃管同抓。不用果殽嘉。器皿華。野蔬菜便似山家。盡射覆藏鬮傾巨斝。直到月落參橫更鼓打。且莫去和衣共榻。　　回看家下。滿壁的今和古書籤掛。滿院的開和落花枝椏。笑相迎子婦牽衣閒戲耍。奴婢兒多寬假。雞犬兒無驚唬。但博得夜眠時一枕神清暇。　　雖則久別家。把聖水孤山夢想遐。蹎廠的香車寶馬。趕廟的清歌雜耍。才看了殿春風紅芍藥。又同〔開〕到傲秋霜黃菊花。你便道茶園戲館太喧嘩。試與我窰〔瑤〕臺攬勝多幽雅。況爭誇燕山八景，風日倍清華。　　真休暇。真休暇。暗移卻春和夏。無牽掛。無牽掛。漸了卻婚和嫁。忘機詐。絕虛假。受盡老健年華。清高聲價。　　太平時節恩光大。或京堂幾轉，帽頂變山查。這便是老司官頭白為郎盡足誇。」

　　未幾，由郎中擢惠潮道，告歸。（卷二，第 1177 冊，第 395～397 頁）

觀劇落職*

趙秋谷（執信）去官，查他山（慎行）被議，人皆知於國忌日同觀洪昉思（昇）新填《長生殿》。昉思顛躓終身，他山改名應舉。秋谷一蹶不振，贈他山云：「與君南北馬牛風，一笑同逃世網中。」竹垞贈洪句：「梧桐夜雨詞淒絕，薏苡明珠謗偶然。」是也。近於吏科見黃（六鴻）原奏，尚有侍讀學士朱典、侍講李澄中、臺灣知府翁世庸同宴洪寓，而無查名，不知何以牽及。又傳黃以知縣行取入都，以詩稿土宜送趙，答刺：「土宜拜登，大稿璧謝。」因之挾嫌訐奏。黃有《福惠全書》，坊間盛行，初仕者奉為金針。李字渭清，己未鴻博，與毛、朱倡和，世無知其被論。何也？（卷二，第 1177 冊，第 398 頁）

京師戲館*

《亞谷叢書》云：京師戲館惟太平園、四宜園最久，其次則查家樓、月明樓，此康熙末年酒園也。查樓木榜尚存，改名廣和。餘皆改名，大約在前門左右，慶樂、中和，似其故址。自乾隆庚子回祿後，舊園重整，又添茶園三處，而秦腔盛行，有魏長生、陳渼碧之流，悉載吳太初《燕蘭小譜》。近又見《瑞雲錄》以續《燕蘭小譜》，皆好事者為之。（卷五，第 1177 冊，第 423 頁）

京腔六大班*

京腔六大班盛行已久。戊戌、己亥時，尤興王府新班。湖北江石公燕，魯侍御（贊元）在座，因生腳來遲，出言不遜，手批其頰。不數日，侍御即以有玷官箴罷官。於是，搢紳相戒不用王府新班。而秦腔適至，六大班伶人失業，爭附入秦班覓食，以免凍餓而已。侍御居官鯁直，曾奏官兵過境擾累，覆奏千言；視南漕，錚錚有聲。歸江陵十餘年，因荊州水決，全家溺斃。畢制府（沅）弔以詩云：「最憐多繡烏臺客，披髮何由訴大荒。」（卷五，第 1177 冊，第 423 頁）

方蘭如*

《如是我聞》載：倪少宗伯（承寬）《感舊為方俊官作》詩云：「落拓江湖鬢欲絲，紅牙按曲記當時。莊生蝴蝶歸何處，惆悵殘花剩一枝。」詩末有注：「俊官名蘭如，吳人。為莊本淳學士所狎，有狀元夫人之號。己卯入都，學士已歿，憔悴自傷，門前冷落。」宗伯詩語無泛設。嗣後南部李桂官方至。

其詳見袁隨園、趙甌北長歌，稱史文靖於庚辰重赴瓊林宴，上亦呼狀元夫人，後依秦中幕府，較方為優。（卷五，第 1177 冊，第 423 頁）

檔子*

祝豫堂中翰（維語）作《燕臺新樂府》，如《太平鼓》《兔兒爺》《響盞》《縫窮婦》之類是也。蔣太史（士銓）亦有十四首，如《弄盆子》《畫眉》《楊象聲》《兔兒爺》《戲園》《雞毛房》《潑水卒》《堆子兵》《搖鈴卒》《唱估衣》《縫窮婦》《唱南詞》。其《檔子》尤為悚切，足以警世。詩云：「作使童男變童女，窄袖弓腰態容與。暗回青眼柳窺人，活現紅妝花解語。憨來低唱想夫憐，怨去微歌奈何許！童心未解夢為雲，客恨無端淚成雨。尊前一曲一魂消，目成眉語師所教。燈紅酒綠聲聲慢，促柱移弦節節高。富兒估客逞豪俠，鑄銀作錢金鏤屑。一歌脫口一纏頭，買笑買嗔爭狎褻。夜闌卸妝收眼波，明朝酒客誰金多。孩提羞惡已無有，父兄貪忍終如何！君不見鶯喉一變蛾眉麼，斜抱琵琶定場屋。不然去作執鞭人，車前自理當年曲。」花檔子散處前門左右，鮮衣美食，一無所能。色衰音變，則為彈手教演幼童。若無貲，即執鞭趕車，否則入雞毛房矣。（卷五，第 1177 冊，第 423～424 頁）

方壺齋*

《亞谷叢書》云：「京師戲館惟太平園、四宜園最久，名亦佳。查家樓、月明樓其次。比年如方壺齋、蓬萊軒、升平軒最著。」今考諸園俱廢，查樓僅存木榜。惟方壺齋屢易新名，人尚稱為方壺齋。城西僅此一館，春初尚盛，在永光寺西街。（卷九，第 1177 冊，第 448 頁）

沈赤然

沈赤然（1745～1817），字韞山，號梅村，浙江仁和（今屬杭州市）人。清乾隆戊子（三十三年，1768）舉人，官直隸豐潤縣知縣。赤然少工詩古文辭，自罷官後閉戶著書，不預外事。與杭州吳錫麒、紹興章學誠相切劘，文以辭達為主，不失體裁。著有《公穀異同合評》四卷、《寒夜叢談》三卷、《寄傲軒隨筆》十卷、《寄傲軒讀書續筆》六卷、《寄傲軒讀書三筆》六卷、《五硯齋文鈔》十一卷、《詩鈔》二十卷等。見《兩浙輶軒續錄》卷十、《清續文獻通考》卷二五八等。

茲據清嘉慶十三年（1808）趙氏又滿樓序刻三卷本《寒夜叢談》輯錄。

侑酒俗尚*

優伶侑酒已非正事。三十年前，忽尚盲女之有姿色者，彈三弦，唱院本，以供賓客雅集，座無此不樂也。尋又嫌其無顧盼情，復羅致明眸婦女能彈唱如盲女者。既而又置此輩高閣，每一開筵，女優環坐，妖淫媟嫚，賞賚不貲，名之曰「清音」。甚至內堂婦女之宴，亦召之執壺佐酒。俗敝至此，人家亦安得不日漸凋落，子弟亦安得不自幼濡染乎？（卷三《談瑣》，第3～4頁）

溫汝適

溫汝適（1755～1821），字步容，號篔坡、景萊、慵訥居士，廣東順德人。清乾隆四十九年（1784）進士，由編修直上書房，累官兵部右侍郎，歷典廣西、四川、山東鄉試，督陝、甘學政。有著作多種。（柯愈春：《清人詩文集總目提要》，北京古籍出版社 2001 年版，第 918 頁）

《咫聞錄》有清嘉慶丁丑年（二十二年，1817）自序本及道光以後諸本。茲據華東師範大學圖書館藏清道光二十三年（1843）刻十二卷本輯錄。

談三

談三，開平人。瞽目，家貧，有絕技。寓居廣州府城。……吹打盡，則戲曲齊來。口唱各調，手彈琵琶，足敲鼓而打板，按腔合拍。生旦淨丑，聲音畢具。遇武劇則大鑼大鼓，恍如殺退賊兵，班凱回朝，更覺周到。夫以一丐瞽而周身上下無不有用，且各出其奇，並無合掌雷同之弊。（卷一，第 1 頁）

狀元姚萊

姚萊，浙江慈谿人，明時狀元，幼即靈慧。九歲時，其父負債累累。至臘底，債主帶衾枕臥索者甚多，嚷嚷凶鬧。萊向父取錢四百枚。父曰：「子欲錢何？」萊曰：「償債。」……萊到戲子家，對小花面曰：「我與錢四百，至夜潛到吾家，扮演魁星。我在樓讀書，爾站在我座後，三宵而已。」小花面許之。當晚，萊在樓上讀書至三更而止。次晚又讀。內有一索債人曰：「是子年少，勤於攻書，異日必發。」上樓窺之，見一魁星站後。若人下樓，即向各債主曰：「公等請回。某所欠銀，皆我一人代償。過元宵後，當邀諸公至此，

照券完楚。」眾皆散。如期，某一一為其代楚。萊父拜謝。某曰：「令郎與我作婿，吾當延師教之。」……後點狀元回。萊曰：「我微時，承小花面裝扮魁星伺候三宵，得債主成就功名。須先往拜。」小花面出門，攬輿跪曰：「小的實因家貧，故騙錢度歲，未曾扮演過來，求開恩。」萊方知昔日之魁星乃真魁星也。（卷三，第5～6頁）

鄉場事五條

山東蕭秀才者，曹州人也。在庠二十餘年，自恃質敏，恒不好學。逢歲試期，勉強完卷，常居三等之末。己亥恩科，蕭於是年歲考，幸居三等之首。喜曰：「我兩鬢蒼蒼，不曾鄉試。今以歲作科，我可安心觀場矣。」亦有勸其場前用功者，亦有笑其不知分量者，蕭弗顧也。至省寓，日日清晨隨筆成篇，旋即焚之。殆後外遊觀劇，適有演關帝《單刀赴會》者，魯肅口白有：某事仁也；某事義也；某事禮也；某事智也。但少信字之語。蕭聞而喜之，念念不忘，日誦不已。入場之夜，猶誦之。黎明見首題「子入太廟」一節，蕭向來作之，多以六股成篇，今應鄉試，欲籌奇別。忽想《單刀赴會》，以仁、義、禮、智襯出信字；我於此題加散行一段，以仁義智信襯出禮字，文勢自覺流動，洋洋得意。三場畢，結伴而歸，互相論文，從無一人問及蕭文者。蕭亦絕口不談。是科典試，衡文者上下意見不睦，薦卷多不中式。搜房而得蕭卷，覽之大喜，曰：「首藝中間一段可以壓場，惜前後奮筆直書，尚少警策。」不能列為榜首，中在正榜第五名。報至其家，舉邑驚異。能文者索文觀之，歎曰：「此文通場應無二卷，高中宜矣！」（卷三，第36～38頁）

虎拆家

是虎之大極矣。酬神演劇，答謝力士，葺治房宇，已化數千金。（卷四，第20頁）

酆都府

康熙間，有何舉人選授酆都縣知縣。到任，見須知冊內開載平都山洞，每年官備夾棍、梭子、手栲、腳鐐、木枷、竹板各刑具，於冬至前舁置洞內，冥府自能搬去。何曰：「此誕也。陰陽兩隔，冥中官豈用陽間刑具也。必丐戶攜去，易銀消化。」……何曰：「既如此，吾當親往查勘。」……冥府主曰：「既荷光降，當申地主之誼。已設蔬肴，聊作暢敘。」何固辭不允，只見戲

具抬來,請何至東廂。庭燎晰晰,綺宴隆隆。遜席上座,即有二旦執筆送帖,請點戲出。見一旦面熟,何問:「子何名,何時入此班也?」旦曰:「小人喜兒,去年到此。家有老母。爺歸時,求憐老而賞以食。」冥府主曰:「今日敬客,汝須小心伏侍。不得以家況在席上相求。」旦乃退。所演之戲與陽間不同。何曰:「此皆新戲也。」冥府主曰:「戲中多忠臣義士事。若輩均授冥職,不便再演,故另演仇德相報之戲耳。」席畢,天已曙矣。……後喚小旦喜兒之母到,賞以銀米。(卷五,第26~29頁)

張爕理

張爕理,安徽名庠生也。……至次年五月二十五日,睢陽張公誕辰。……每臨誕日,家家宰牲以薦,處處演戲以慶。男女禮拜者挨肩擦背。張詣廟觀劇。適見臺上扮演銚期、馬武雙救駕。張驚憶適符乩言,恐遭其禍,急移步出廟而回。過一岩牆,牆倒壓死。又粵東士人請乩仙,問功名。……至下場三日以前,士人乘肩輿往拜友人。路過演劇之所,人擠難行,而臺高底空,行人俱由此來往。肩夫即昇從臺底過去。正演武劇,趺打興豪。忽聞大震一聲,臺底坍塌,戲子衣箱俱落於地。輿亦壓爛,肩夫盡斃,士人壓成肉餅。(卷六,第36~37頁)

屠赤水

屠赤水,名隆,浙鄞之名士,前明之尚書也。與徐文長最善。為諸生時,喜於閒花野草之中採香尋趣。然必名妓,乃能戀之。

一日,夕陽將頹,散步晴皋。過心愛妓女之門,欲止宿焉。妓曰:「他人以金為重,吾以詩文為重。出一題,刻能成則留之,不成不留也。」赤水曰:「只要有題,何難之有?」妓曰:「即以地支十二字為題,並欲以今宵之事作詞一首。」赤水搦管立就,其詞云:「了相思一夜遊(子),敲開金鎖門前鈕(丑),正值黃夜夕陽收(寅)。柳腰兒抱著半邊(卯),紅唇兒還未到口(辰),口吐舌尖軟如鉤(巳)。還有玉杵在身邊,不是木頭削就(午),二八中間直入,跳起腳尖頭(未)。呻吟口罷休(申),壺中酒點點不留(酉),倦來人似干戈後(戌)。只恐生下孩兒,子非我有(亥)。」赤水曰:「繳卷。」妓笑曰:「吾當作上官昭容高坐彩樓,一紙飛墜,評沈佺期、宋之問甲乙也。」赤水亦哂而言曰:「子非昭容,余亦焉敢以沈、宋二公比也。」妓示其詞,擊節讚賞。

由是妓之愛,過於赤水之愛,竟欲以終身相託。然赤水恐人計議,含糊答

應。及至貴顯，妓倩其友屢請踐約，赤水曰：「吾無白香山之才，帶小蠻腰樊素耳。」妓念乃絕。（卷七，第 1～2 頁）

編者案：〔明〕屠隆僅做到禮部主客主事、禮部儀制司郎中，並非尚書。此為小說家言。

尚鎰

尚鎰，黔省北門人，曲糵生涯。……遂至三聖宮禱於神曰：「弟子年已四旬，尚無嗣續。求賜兒以慰老父想念之情。果爾，敬以陽戲酬答。」後婦有娠，生一子。喜極，圖酬前願。奈家素寒，不能立辦。因節儉食用，日剩餘貲，聚而不敢復用。數年，積三十金。時兒已三歲矣。擇吉延巫，門外酬神。戲演過半，巫覺有異，而未敢告也。三日後，鎰婦口吐涎沫，狀如瘋癲。晝則熟睡，夜則唱曲。凡戲之始終本末，悉能傳其妙，若平生熟習者。乃祝神曰：「演戲恐不精潔，求神赦佑，行當再演也。」神若許之。先時中表某，同理演劇事，於未獻之前，竊嘗一臠，而鎰未之知也。聞神震怒，不敢復往。鎰驚詢得其詳細。於是再演陽戲，而婦始愈。夫神既怒於竊嘗臠肉，則怒應加中表，胡為加於其婦？是蓋欺其弱也。今之神，蓋有之矣。（卷七，第 10～11 頁）

失火酬神

吳地煙火相連，民居稠密，瓦屋鱗鱗，俱以木成。……故遭回祿後，凡幸免之家，必斂銀演戲，名曰謝火安神。昔有金匱延祥鄉歸家壩頭，毗鄰而居者百有餘家，一時失火，焚烈其半。彼受驚而未遭火害者，均議各出分金，演戲酬神。（卷八，第 31 頁）

貞節婦

同邑某宦，由部郎出授山右刺史，在治演劇。內有一小丑，言語是河北音，呼而問之，始知即劉姓子也。訓以母老家貧，責以流蕩忘反，賞給路資，著役押送還鄉。（卷八，第 34 頁）

北虎青衛

相傳雷州古怪。……所怪者邪而稱神。一曰北虎元帥，一曰青衛娘娘。隨時作祟，徧戶受殃。其為害也，附病人而求食，借人口而發言。……朝祭

暮享，肴必豐潔；且擇味適口，總借病人之口以宜之。最愛觀牬羝，聽洛濱
諸戲，或三日一索之，五日一索之。其有貧不能構劇，則延士歌以替，無笙
簫鼓笛，亦可稍解其慍，必至傾陷其家而後已。（卷十，第 29～30 頁）

高某

　　高某，讀書難開一竅，而於奇技淫巧、繪畫象生之事，無不精工。清明
時，風從地上，見人以禽鳥、花卉、人物、戲出作風箏者。高某曰：「佳則佳
矣，靈巧則猶未也。」密以《西遊記》「七情絕欲」一節，作為風箏。（卷十
一，第 31 頁）

許元仲

許元仲（1755～1827後），字小歐，江蘇婁縣（今屬上海市）人。監生，足跡幾遍天下。清乾隆五十九年（1794）由滇入蜀。嘉慶間，轉任蘭溪、永嘉、金華等地知縣。道光七年（1827）罷官後寓杭州，著書自娛。其人，文獻多誤作「許仲元」。（占驍勇：《〈三異筆談〉與〈緒南筆談〉二書之關係及其作者小考》，《明清小說研究》2003 年第 2 期）

茲據臺灣《筆記小說大觀》所收四卷本《三異筆談》輯錄。

醉死

（吳翁）壯時以販繒入閩，來往溫陵。其友業教曲，適領班至郡。廚燒春方熟，群伶少年選事，謂曰：「翁稱善飲，能盡一杓，吾曹度曲以侑。」杓以量酒，一杓得茗椀十八，翁曰可。曲終而杓已罄，笑曰：「何傷乎，甜美甚可口也！」方踰閾，觸風即僕。（卷一，第 1 編，第 5799 頁）

盜名出入有冥報

汪潤亭師羅鳳翁，常言其友有幕於三山者，則忘其為閩為侯官也，與司錢穀者分東西室下榻，中一室為辦事公所。一歲秋間，居停有嘉會，署演劇，諸客觀且飲。（卷一，第 1 編，第 5801 頁）

陳湧金案

陳湧金，四明慈谿人，以販藥川湖起家。生四子，長前卒；次美思，守藥肆於杭；三貢元多病；四尚幼。長與三皆娶於吳，以女兄弟為先後。次媳

樂，黑脢而媚，如南漢宮人，性狡獪。長子無嗣，遺一女曰阿貓。美思有二子，倫序相當。大陳吳氏與阿貓不欲，欲以貢元婦小陳吳氏子為後，且私告所親。樂氏泆蕩，不堪以呂易嬴也。樂氏切齒，乃詐為代夫子職，就養無方。湧金本無賴，竟陷以聚麀焉。自此傾陷阿貓母子者愈急。值大陳吳氏病瘰，樂氏詐為秤藥量水，賺阿貓取炭，於劑中入生鴉片三錢、木鱉子一錢，服後寒戰不止，遂絕。眾者不察；阿貓獨心疑之，哭泣中，間以怨詈，且微及新臺穢跡。樂氏乃與湧金合謀，誣其與長年奴高宏道奸，以鐵籤自口搰其腦，殺之，乘夜埋於曠野。時令慈谿者，楚人黃兆臺，入湧金妹壻葉生言，以殺有罪子孫寢其事。族中有請檢者，反撲而逐之，慈民大嘩。時予奉邁功中丞檄，清理積案，寄居府署。一日，（姚）秋坪郡伯倉皇來曰：「殷主簿煦自慈谿來，有所聞否？」予曰：「鐵橋現在某先生齋，無所言也。」秋坪遣僕邀至，促膝密問之。鐵橋云：「惟聞陳姓有故殺女孫一案，閨門事秘，無從悉其委曲。」予謂秋坪：「盍遣人消息之？」秋坪曰：「鐵橋甚精細，尚不能得其委曲，何人可遣？黠者任偏私，愚者受蒙蔽，翻豐其部矣。」明晨，秋坪又來曰：「富觀察亦有所聞，頃以詢我，我答以昨有風聞，以未得端倪，不敢遽稟。」予曰：「然則遣人不宜緩。」秋坪即商其人於予。予曰：「家人不習地理，胥役叵信，惟計天一閣管書人邵姓，充學院吏，明幹忠實可往。」秋坪曰：「我亦彷彿識得。」即密召之，授以方略。邵曰：「陳姓偵探者多，一歸泄矣。」即乘府署差轎以行。二更歸，報命曰：「胥有戚家鄰於陳，託為探戚者，里閈群議頗詳。亦訪於數里同事某家，所言皆同。大約通奸事虛，謀產事實，故殺事亦實。棺埋叢葬處尚存。且聞阿貓所字夫洪姓，現謀赴省上控。」秋坪轉告觀察，觀察即囑其提訊。予曰：「提訊太驟，恐萬一參差，難於轉手。鄙見欲易提為調。」勻曰甚善。乃飛札慈谿來府。至，黃令感於劣幕某，執迷不悟。議三日不決。秋坪乃提府親審，十日而得其要領；廿日而悉其端委；匝月而為鬼為蜮，胥無遁影矣。定案之前夕，秋坪宿城隍神廟之左廂，祈神印證。署中家人周姓，素勤慎，派令守夜。犯證三更後，分別管押，囑周輪視之，至曉乃已。是夕聞門外呵殿聲，意謂主人歸也。恍惚間，中門闃然，一涼輿入，坐進賢冠藍袍者，短而髯，非主人也。驚起瞻之，殊無蹤跡。心訝之，不敢言也。初，秋坪恭人瞿，略解案牘。一切婦女幼孩訊後，均送內衙安頓撫慰之，且誘使盡言，故鞫獄常竊聽。是夕夢見秋坪向東坐，中坐古衣冠人，兩青衣鎖一少女入，白衣衫上血跡如雨點。中坐人略詰

問，即飭放之。女起，北向叩首，復西向謝秋坪，又前趨一步，東向叩首，若知己之在後也。見秋坪躬身如有所問，神伸三指示之。朦朧間，聞升炮開門，霍然醒，則軍門前明〔鳴〕炮也。案遂定，乃以本府單銜請檢焉。時予已委權金華令，奉調赴省。邁功中丞清問甚切，乃手疏二十餘條以答。中丞即以付問官；承審者棣華太守，主稿者兼山別駕，提棺至省檢驗。而黃令復百計撓之，賄高自認姦夫，挺身作證，且誣阿貓曾有私胎埋某處。惟二婦陳吳氏獨報義憤，藏阿貓被難前三日月布一縛，囑其洗換者。高乃伏罪。陳欲購而毀之，許以百金不動。十室之邑，必有忠信，諒哉！兩吳公推勘周匝，纖悉入奏，惟新臺一節太穢，刪之。定樂氏立斬，美思絞候，趕入秋審；湧金滿徒，高奴流。湧金猾甚，聲明年已七十，例得免罪。驗其監照，乃減年報捐，指駁無可自白也。後部文回，提樂氏監綁。湧金見之，一慟而絕，洵白首同歸矣。李三郎遜此情種哉！初，秋坪乍蒞四明，頗不理於眾口，至此乃六邑交頌之，好事者至演為雜劇。嚴禁之，始止。（卷二，第 1 編，第 5810頁）

楊花救主

　　江右孝廉徐某，以大挑試用長安。有雛伶楊花者，年十四，一見目成，以三百金售焉。逾年教匪起，……賊目有識之者，謂：「楊掌班聞已跟官，何忽在此？」答曰：「吾代主催餉，俟此數日矣。」……即置酒聚飲，令楊歌曲。楊略不抗拒，盡獻所長，且流目送媚，以醉賊目。度已沉酣，猝掣賊佩刀刺之，應手而中。賊黨驚，群起刃之。賊亦敗興，逡巡委去。居人重其義，築土葬之。樹碣曰：義伶楊花救主處。予友孟九我廷烺于役過此，作記頗詳，複寫《楊花救主圖》示予。予為作長歌以紀云：……自向梨園傳豔節，不教斷袖沒英雄。楊花舊隸華林部，小隊梁州按歌舞。（卷二，第 1 編，第 5818頁）

惲　敬

惲敬（1757～1817），字子居，號簡堂，江蘇陽湖（今屬常州市）人。清乾隆癸卯（四十八年，1783）舉人，以教習官京師。改官富陽、新喻、吳城等地，被誣告落職。

茲據臺灣《筆記小說大觀》所收二卷本《大雲山房雜記》輯錄。

《琵琶記》引杖刑*

《東軒筆錄》雍子方戲劉貢父云：「據罪名，應決臀杖十三。」按，《宋史·刑法志》：太祖定折杖之制，凡杖刑五：杖一百，臀杖二十；九十，臀杖十八；八十，臀杖十七；七十，臀杖十五；六十，臀杖十三，蓋杖刑之輕者也。《琵琶記》亦引之。（卷二，第 21 編，第 5071 頁）

倡優名班之始*

金源官制，有文班、武班。若醫、卜、倡優，則曰雜班上。此倡優名班之始。（卷二，第 21 編，第 5079 頁）

姐與旦*

《武林舊事》雜劇段數，有雙賣姐、老姑[1]遣姐等目。舞隊段數，有粗姐、細姐等目。是曰兒本作姐，元後省作旦也。《莊嶽委談》：元雜劇多用樂伎，如李嬌兒為溫柔旦，張奔（兒）為風流旦。直以婦人為之。（卷二，第 21 編，第 5083～5084 頁）

編者案：「姑」，《武林舊事》或作「孤」。（見〔宋〕周密《武林舊事》卷十

「官本雜劇段數」，中華書局 2007 年版，第 248 頁）

清音*

子弟清音女童，今吳人尚沿清音名目。（卷二，第 21 編，第 5084 頁）

鄭府君非恒*

《滎陽鄭府君墓銘》「夫人博陵崔氏，卒於大中元年，年七十有六」，當生於建中元年庚申。《鶯鶯傳》「生於元興元年甲子」，自是兩人。後人改府君諱「遇」為諱「恒」，以附會傳奇，是何肺腑耶？（卷二，第 21 編，第 5084 頁）

黃幡綽墓*

黃幡綽墓在蘇州。（卷二，第 21 編，第 5085 頁）

編者案：黃幡綽，唐代宮廷藝人，善於表演參軍戲，曾長期隨侍唐玄宗左右。

宋永岳

宋永岳（1758～1814 後），字靜齋，號青城子，湖南慈利（今屬張家界市）人。生員，鄉試屢不第，乃為幕僚。清嘉慶四年（1799）捐官，明年任職廣州。道光間歿，年七十餘。（陸林：《清代文言小說家宋永岳事蹟繫年》，《明清小說研究》1998 年第 4 期）

《誌異續編》原名《亦復如是》，有八卷本（如清嘉慶十六年刻本）、四卷本（如清光緒間申報館叢書本）等。或名《亦復如是叢說》（見清同治八年刊本《續修慈利縣志》、民國十二年鉛印本《慈利縣志》）。茲據臺灣《筆記小說大觀》所收四卷本《誌異續編》輯錄。

測字

測字，原祖亥首六身之遺意，就一字縱橫添減測之，然亦時有驗者。蓋事應於彼，機見於此，與求神問卜、占課起數同一理也。但須測字之人心細而靈，活潑潑得，方能靜會。

嘗見一測字者，靈驗異常。有三少年至，拈一「鴻」字為問。問：「何用？」少年曰：「我等皆係去看戲者。未知今日演何戲，故來問耳。」測字者曰：「佛殿。」少年曰：「如非此戲若何？」曰：「是佛殿，加倍謝；不是佛殿，願毀招牌。」眾少年去未久，復來曰：「戲雖是佛殿，但須說得有理，方加倍奉謝。」測字者曰：「『鴻』字三點水，添『去』字為法聰之『法』。『工』字添『系』字，為紅娘之『紅』。『鳥』字添『艹』頭，為鶯鶯之『鶯』。非『佛殿』而何？」眾少年嘩曰：「張生何在？」測字者曰：「三點水添『各』字，為洛陽之洛。『洛陽才子』，豈非張君瑞乎！」眾曰：「字雖測得不差，

然亦衹是將本字拆開，勉強湊成幾字，幸而說中，究無深義。」測字者曰：「測字不外理、數二字，雖是就字說理，而所重卻在機，所謂數也。」眾曰：「機何在？」曰：「公等拈字之時，我正將字拆開，適有人擔水經過，口中應人曰『聽明白了』，忙迫而去，所以於水傍添『去』為『法』字。曰『聽明白』非聰乎？故知為法聰。又見店內工人一手攜一小女，一手握絲一束來，所以於『工』旁添『系』為『紅』字。小女非良女乎？故知為『紅娘』。又見門上插三炷香，一熄二燃，門上二火非『炏』頭乎？所以於鳥上添『炏』為『鶯』字。時適有二雀飛過，故知為『鶯鶯』。又見公等三人皆脫帽露頂，公等客也，三客去帽，非『三各』乎？所以於三點旁添『各』為『洛』字。時太陽正照三公，故知為『洛陽』。張生洛陽人，非張生而何？既是字中應有之義，復有機應之，乃數之所在，故靈也。」眾始歎服，置謝金去。（卷一，第 1 編，第 6399～6400 頁）

優人

江蘇常郡某知府壽誕，八屬邑制錦公祝。屆期，七屬員俱至，惟靖江縣呂某，為風所阻，避之又久不到。知府慍甚，曰：「為我封門，即到亦不必通名。」迨靖江縣至，已各就席坐定。門吏不敢通報。一優人知之，曰：「送我十金，我能直言。」許之。開場《八仙慶壽》，獨不見洞賓，七仙以次上壽畢，洞賓方至。鍾離動問：「呂仙為何來遲？」眾齊答曰：「想因大江風阻，故爾來遲。望老祖恕罪。」知府曰：「靖江呂公到矣。」命開門迎之。（卷二，第 1 編，第 6425 頁）

伶人

一縣令，上房啖餅，未熟，怒與夫人口角，甚至揮拳。閱數日，署中演戲，幕友以此事說與優人曰：「能談言微中，格外賞錢。」優人曰：「諾。」少停，演《爛柯山記》。至朱買臣上任，要打地保。地保求曰：「小人年紀大，打不起了。」買臣曰：「你今幾多歲數？」地保曰：「小人丁丑生。」買臣曰：「前日丙子生，也打過了。何況丁丑？」幕友糾金賞之。（卷二，第 1 編，第 6426 頁）

金聖歎

金聖歎臨刑時，飲酒自若，且飲且言曰：「割頭，痛事也。飲酒，快事

也。割頭而先飲酒，痛快，痛快！」聖歎平日批評詩文，每涉筆成趣，故臨死猶不忘趣語，然則果痛耶，快耶？恨不遇聖歎問之。（卷二，第 1 編，第 6450 頁）

珠泉居士

珠泉居士，姓吳，浙江烏程（今屬湖州市）人。（據〔清〕程岱葊《野語》
卷七《落籍》）清乾隆庚子（四十五年，1780）夏，赴金陵，遍覽秦淮之勝。
旋以居停罷官，束裝歸里。明年春，重來白下。餘事俟考。

茲據上海書店 1991 年版《香豔叢書》所收三卷本《續板橋雜記》輯錄。

女優*

河亭設宴，向止小童歌唱，佐以絃索笙簫。年來教習女優，凡十歲以上，
十五以下，聲容並美者，派以生旦，各擅所長，妝束登場，神移四座，纏頭之
費，十倍梨園。至於名妓仙娃，亦各嫻法曲，非知音密席，不肯輕囀歌喉。若
《寄生草》《剪靛花》，淫靡之音，乃倚門獻笑者歌之，名姬不屑也。（卷上，
第 9 冊，第 303 頁）

《雙珠記》*

秦淮名姝，首推二湯。二湯者，本郡人，以九、十行稱，孿生姊妹也。
態度則楊柳晚風，容華若芙蕖曉日；並翠眉而玉頰，各盧瞳而赬唇。乍見者
如一對璧人，無分伯仲。注目凝睇，覺九姬靨輔微圓，左手背有黑痣一小點，
可識別也。早墮風塵，從良未遂，闔戶數十指，惟賴二姬作生涯，雖車馬盈
門，不乏貴遊投贈，而纏頭到手輒盡。居新橋之牛市，臨流數椽，湫隘已甚。
余曾於辛丑夏初邂逅一晤，今秋往訪，適為勢家招去侑觴，不復謀面。聞之
桐城孫楚儂云，二姬窮愁日甚，雖年才二紀，而消瘦容光，較初破瓜時，已
十減六七矣。然三分丰韻，尚堪領袖秦淮也。嗟乎！人美如玉，命薄於雲，

如二姬者，殆以奇姿遭造物之妬歟？楚儂又語余云，桐邑楊米人曾為二姬作《雙珠記》傳奇，情文並茂。惜尚秘之枕函，余未得而讀之。（卷中，第9冊，第305頁）

王秀瑛*

王秀瑛，小名愛兒，父母皆蘇州人，生於金陵，遂家焉。適伶人張七，以母命，非本志也。……余友周子稼軒、孫子楚儂皆與善，嘗語余云：「……能鼓琴，善南北曲。非興會所至，雖素心人，不克強之發聲。」（卷中，第9冊，第307～308頁）

張玉秀*

張玉秀，行大，蘇州人，隨其母寄籍江寧。……聞姬善崑曲，有崩雲裂石之音，惜未及聆之。其繼妹曰張二，弱質纖妍，亦嫻詞曲。姬有義女名雙福，年才十一，白皙聰俊，與姊鳳兒並工戲劇。余於王氏水閣觀演《尋親記》「跌包」一齣，聲情並茂，不亞梨園能手。（卷中，第9冊，第308頁）

謝玉*

謝玉，字楚楚，本郡人。年十六，肌理玉雪，秀慧絕倫，與其母居釣魚巷中。善南北曲，嬌喉一囀，飛鳥遏音。（卷中，第9冊，第311頁）

徐二寶*

徐二寶，本郡人，居釣魚巷之上街。其夫為梨園領袖，姬於儕偶中年最長。（卷中，第9冊，第313頁）

工劇女伶*

周四，又稱梁四，蘇州人。年逾三十，風韻猶存，善彈琵琶，名著青溪、桃葉間。有兩女曰大官、二官，貌不甚美，而演劇頗佳，十餘齡耳，已識曲中三昧。同時小女伶有周玲，乳名姐官，字瑟瑟，蘇州人；方全，後改名璿，字姍來，江陰人；吳雙福，張大義女；汪銀兒、胡四喜、秦巧姐等（皆蘇州人），並工院本。而周玲實創厥始，四喜獨冠其曹。鑒湖邵子升岩嘗語余云：「周玲之《尋夢》《題曲》，四喜之《拾畫》《叫畫》，含態騰芳，傳神阿堵，能使觀者感心娛目，迴腸盪氣，雖老伎師，自歎弗如也。」（卷中，第9冊，第315頁）

丁字簾*

丁字簾前，厥名舊矣，今利涉橋之西，水榭三間，最為軒翥，玉筯篆額，尚懸楣間，縱非當日故居，當亦相去不遠。《桃花扇》傳奇云：「桃根桃葉無人問，丁字簾前是斷橋。」可證也。（卷下，第 9 冊，第 319 頁）

《千金笑》*

同鄉沈子潔夫語余云：「長洲詹孝廉湘亭，於今春應試白門，昵梁四養女盤兒，有扇底新詩六十首志其事。其友王鐵夫賦《志夢詩》五十章和焉。盤故吳人，謀歸吳以事詹，志未諧而卒。詹哀之，以三百金市其枢，歸葬於虎阜再來亭之西隅。祁昌司鐸沈薈漁為譜《千金笑》傳奇，付樂部。」詹、王兩君詩冊暨薈漁傳奇，潔夫皆親見之，能誦其略。惜余後至，未獲一睹為憾。（卷下，第 9 冊，第 320 頁）

潘嫗三子*

同時又有潘嫗者，亦蘇州人。有子三人，咸習梨園。伯仲並居河房，在文德橋之西。季子則家於白塔巷中，相距里許。嫗往來兩地，日以為常。（卷下，第 9 冊，第 322 頁）

趙慎畛

趙慎畛（1762～1826），字遵路，一字篷樓，號岵瞻，湖南武陵（今屬常德市）人。清嘉慶元年（1796）進士，選庶吉士，授編修。後改御史，出任兩廣、閩浙、雲貴等地要職，卒於官，諡文恪。著有《載筆錄》四卷、《從政錄》八卷、《省諐室續筆》一卷、《讀書日記》四卷、《惜日筆記》二十卷、《榆巢雜識》二卷等。見《清續文獻通考》卷二六九，《清述秘聞續》卷一、卷十三，《清史稿》卷一六六，《晚晴簃詩匯》卷一一三及《（光緒）湖南通志》《沅湘耆舊集》《國朝先正事略》等。

茲據中華書局 2001 年版二卷點校本《榆巢雜識》輯錄。

制定樂章

凡壇、廟、殿廷新舊所定樂章，並按《朱子六經圖》及明鄭世子載堉《樂書》之式，考訂宮商字譜，備載於篇，而一代之樂，萬世昭垂矣！（卷上，第16 頁）

喪葬循禮

雍正十三年諭：「喪葬循禮，不得於停喪處所演戲鬧喪，及舉殯時扮演雜劇、戲具等事，違者按律究處。」又諭：「居喪毋得嫁娶，自齒朝之士，下逮門內有生監者，三年之喪，終喪不得嫁娶，違者奪爵褫服。」（卷上，第 37 頁）

常朝樂章

閏月，常朝所用樂章，視《時憲書》所載，交節之時，用上月宮調，交節

之後，用下月宮調。乾隆八年降旨定。（卷上，第 71 頁）

館臣瞻對天顏

嘉慶九年甲子二月三日，上幸翰林院。凡隸館職者皆令與宴，共二百二人。畛以御史隨編、檢後，位列東廊下。上由清秘堂更衣出入數番，瞻對天顏，不逾咫尺，小臣欣幸無極。是日內府梨園承值，首演「群仙聚慶」，內東方曼倩作老前輩語，上顧朱宮傅大笑。與宴諸臣中，科分唯朱最深。繼演「十八學士登瀛洲」。上復諭膳房，令諸臣各攜回所撤之饌。畛捧饌領賜而歸。非常曠典，榮被一門，不勝感幸。領賜《御製味餘書室全集》一部、《九家杜詩注》一部、絹箋二張、宣紙二張、風字硯一方、寧綢二卷、茶葉二瓶。（卷下，第 139 頁）

樂　鈞

樂鈞（1766～1814），初名宮譜，字符淑，號蓮裳，江西臨川（今撫州市）人。清嘉慶六年（1801）舉人，與吳嵩梁同為翁方綱弟子。少日喜為奇麗之文，壯歲韻語益工，兼工駢體。中舉後屢試不第，遂棄筆江湖，為諸侯客，鬱鬱不得志，侘傺以終。著有《耳食錄》十二卷、《青芝山館詩》二十二卷、《駢文》二卷、《斷水詞》三卷等。見《國朝先正事略》卷四十二、《湖海詩傳》卷四十一、《國朝詩人徵略》卷五十五、《清史稿》卷四八五等。

《耳食錄》足本為初編十二卷、二編八卷。齊魯書社 2004 年版整理本，以清同治辛未（十年，1871）味經堂刊本為底本，校以他本。茲據此整理本輯錄。

方比部

京師正陽門內關帝廟，最靈顯。乾隆丙午，方比部體入都應北闈鄉試，詣廟拈神筊，卜文戰利鈍。筊語云：「常羨人間萬戶侯，只知騎馬勝騎牛。今朝馬上看山色，爭似騎牛得自由。」蓋湯臨川《牡丹亭》傳奇中詩也。僉謂神語太廓，與科名事無涉。已而揭曉，方獲售，列名第十八，十九名乃牛姓人也。始悟「騎牛」之說。

友人彭坦齋云。（卷一，第 10 頁）

黃衣丈夫

余讀蔣防所為《霍小玉傳》，至李生負心之際，未嘗不怒髮上沖也。及觀長洲尤太史判有「撲殺此獠」之語，且妝點其事入《鈞天樂》傳奇中，心甚

快之。（卷九，第 113 頁）

廬山怪

奉新宋蓀侶外史，嘗以壬子七月之望，宿廬山絕頂僧寺中。夜將半矣，明月滿天，徐聞風颯颯有聲，落於高樹之杪。中有歌者、語者、笑且罵者。訝而窺之，見數武之外，地勢平坦，眾影紛然，略如人間演劇狀。藉草為茵席，因樹為屏幛，金鼓絲竹之聲作於樹上，節奏殊妙，衣服冠帶、鬚鬢械仗之屬，亦率類梨園。念空山靜夜，焉得有優伶若此？心知其怪，姑伺之。裝演十餘齣，莫知其色目。嘔啞歌唱，亦不知其何曲也。已而數人相和，歌聲甚朗。歌曰：「吸日精，蝕月華。諸君妄意凌煙霞。煙霞墮地失顏色，但見玉水生桃花。桃花一萬片，飛入陳王家。仙人化作塵與沙。秋風吹雨打閒衙。南樓美人嗟復嗟。湖中不見東來槎。空山夜半啼棲鴉。」隨其聲而記之。俄有金光從空下，乃一頭陀，狀甚怪。大聲叱曰：「何物邪魅，敢爾喧擾？法當死！」卓錫一聲，則眾形盡變。其演技者，皆獸也。而其司器者，鳥也。轉瞬之間，欻然俱滅。

蓀侶以癸丑三月卒於京師。卒之前數日縷述於余。不知其果然否也。（二編卷八，第 250～251 頁）

陶金鈴

姑蘇小伶陶金鈴，本良家子。少業儒，嘗赴郡應童子試，旅於城南賣酒家。夜夢某觀察宴客，召梨園長樂部佐酒，演《玉簪記》，所謂潘必正、陳妙常者也。金鈴故不習優，亦殊自忘之，扮妙常而登場焉。管絃金鼓之間，進止合度，而聲情特妙。樂闋賓散，諸伶皆退。觀察獨召之入內，小酌於媚香之樓。翠鈿紅袖，姬侍如雲。金鈴是時年十有五矣，雜坐其間，星眸環照，莫敢誰何。一名繡雲者尤麗，其屬意金鈴也亦尤厚。於是次第度曲，競鬥歌喉。間有誤處，使金鈴正之。後堂絲竹，視當場為勝。

已而觀察曰：「舊曲習聽，宜各奏新聲。」一姬乃唱曰：「嫋嫋腰肢細。是樓外垂楊，教人旖旎。曉鬢偷學暮鴉飛。更瓊梳小掠春雲膩。新月纖纖，剛描一線，賽不過兩彎眉翠。問秋韆錦索繫羅衣。直恁蓮勾飛起。為前日雙燕來時，鬥他剪水凌風戲。單消受不慣香醪滋味。倩郎君轉倩桃花，替儂家今夜為郎沉醉。」觀察顧金鈴笑曰：「汝權為桃花可也。」遂酌以飲之。金鈴亦取大斗，引滿奉觀察。

　　一姬繼唱曰：「燭花兒分外光熒。酒波兒分外香馨。宮紗扇子裏著袖兒擎。背面兒漏出梅花影。閃爍了郎的眼睛。偷覷了幾回，只是不分明。登時惱亂狂蜂兒的性。這一夜是何等恩情，何等光景。到如今隔著紙兒喚不應，對著帳兒呼不醒。敢則是你儂故意兒薄倖。」觀察大笑，為連舉數觥。

　　一姬又唱曰：「窗紗密密，簾押重重。圍住了一樓春夢。透不出一線兒春風。海棠全是舊時的紅。盼不上黃昏細雨沾花重。有多少風催雨送。倒正教豔色竟成空。不敢惱公，不敢懊儂。恨孤鸞無故飛入儂的命宮。甚因緣把紅言牽動。」一姬唱曰：「鳳簫兒吹得人魂靈飄飄。箏弦兒撥得人情絲嫋嫋。玉笙兒吸得心花搖。檀板兒拍得淚珠兒掉。一聲聲都似斷腸鳥。唱得櫻桃唇焦，蓮花舌翹。意思兒仍是沒分曉。好模糊的相思曲調。準備著銀壺漏盡金雞叫。」或風情之靡曼，或哀怨之纏綿。金鈴斯時，若近若遠，若危若安，嗒焉坐忘，不疑身在人間也。

　　最後繡雲發聲，聲尤掩抑不可聽。其詞曰：「一抹青螺。一寸橫波。甚玉兔化身，渾似嫦娥。饒是聰明，真假雌雄猜不破。一霎時春愁無那。周旋迴避，盡教人兩般都錯。卻待恁般才可。料不是聞清歌，喚奈何。小黃鸝飛上花梢坐。花枝忒煞多。怎到得吾儂兩個。此意同緘鎖。上天日月，下地山河，眼前燈火。只落得儂知他意渠憐我。」時觀察已中酒昏然，故數女歌詞俱不聞也。

　　少頃，遣金鈴出宿於西軒。金鈴甚惆悵，伏枕凝想，恍惚成寐。忽夢一侍兒來請，遂引之至一閣中，香獸氤氳，珠翠溢目。卻見繡雲宛然在榻，起迎金鈴，遽相偎倚。金鈴私問：「觀察亦安在？」繡雲曰：「此時尚關渠事耶？幸復無慮。請君為潘郎，吾為陳姑，復演《竊詞》一折耳。」金鈴喜甚，方欲搴帷，忽聞簾外鸚鵡連呼：「相公來！」繡雲推之，乃驚寤，則身仍臥西軒中。且悔且憶，而劃然一聲，忽復張眼，則身實臥賣酒家，並非西軒也。朝暾射牖，攬衣遽興。而雀方斗於簷間，破瓦在地焉。深自嗟況〔訝〕，蓋夢之中又占其夢矣。夢中情事，記之了了。他日，以所演《玉簪》質之梨園，節目皆合。

　　金鈴由是竟善謳。試度他曲，過耳輒能。既而學使者按試，金鈴不見錄；而聞他郡梨園果有所謂長樂者。潛往訪之，則部中諸伶恍然如舊識。益訝向者之夢良非偶然，殆數也。乃易士而優，隸長樂部，聲伎為一時之冠。大江南北，轉徙經年。果又有所謂某觀察者，一日置酒宴客，果召長樂部奏技。至則臺榭猶是也，賓客猶是也。是日果演《玉簪記》。酒闌客散，果召之入內小飲。觀察諸姬又皆如舊識。桃源重來，槐安真到，事境雖是，而情轉深矣。既而驚

簧珠串，歌管皆同；酒盞觥籌，笑言無異。惟繡雲玉肌瘦損，蛾黛淒然，終席無一語，不復歌前日之曲。此其小變也。

及小酌既罷，金鈴果出宿西軒，欻然入夢。夢入於繡雲之寢，心懲前事，不暇他語，欲亟遂幽歡，以償夙願。而既見繡雲，殊不自由，轉輾之間，竟忘前事。仍問觀察安在，仍作潘郎，仍聞鸚鵡呼相公，仍為繡雲所推而覺，仍臥西軒中。瞿然自驚，爽然自失，復啞然自笑。蓋是夕之夢，疇昔夢中之夢也。數之前定者，卒不或爽。竟有如此夢中之夢、戲中之戲，變幻於是焉極矣。

金鈴本名鐸，金鈴其小字也。人以其伶也呼之。（二編卷八，第 260～263頁）

吳德旋

吳德旋（1767～1840），字仲倫，江蘇宜興人。諸生，友張惠言，師姚鼐，遂以古文名。清嘉慶九年（1804），棄科舉業，悉心著述。（張撝之、沈起煒、劉德重主編：《中國歷代人名大辭典》上冊，上海古籍出版社1999年版，第1072頁）

茲據《四庫未收書輯刊》影印清道光二年（1822）刻十卷本《初月樓聞見錄》，《叢書集成三編》所收十卷本《初月樓續聞見錄》輯錄。

徐石麒*

江都徐坦庵，名石麒，字又陵，其先鄞人，後徙揚州。……尤精度曲，入白仁甫、關漢卿之室。始與羅然倩、劉子祉、陳聖茹、吳園次、宗鶴問交。劉、陳死於兵，坦庵與然倩把酒話舊，淒然淚生，歌【唐多令】以解之。……坦庵女延香，名元端，幼即能詩；性慧，通音律。坦庵每度曲，對女歌之，有不合，延香為之正拍。（《初月樓聞見錄》卷五，史部第1輯第17冊，第173～174頁）

溫菖觀戲*

（寧都溫）菖，字引年，為人尤有氣岸，自持不肯下，而言動迂謹，恂恂然特如處子矣。……初，引年在（李）元仲席。元仲置酒延賓客，召優伶度曲四十餘日。引年坐席中，無所避；然於諸優伶輩，未嘗一側目焉。諸伶中一人心怪之。後以語南昌彭躬庵，曰：「此異人也。」（《初月樓聞見錄》卷八，史部第1輯第17冊，第203頁）

徐大樁*

　　徐靈胎，名大業，吳江人。性通敏，喜豪辨。……靈胎著書甚具，多自得之言。嘗創新樂府曰《洄溪道情》，警動剴切，士林誦之。卒年七十九。（《初月樓續聞見錄》卷四，第76冊，第553頁）

程岱葊

程岱葊（1769～？），浙江烏程（今屬湖州市）人。清道光間在世。早歲遠遊四方，掛懷故土。（續修四庫全書總目提要編纂委員會編：《續修四庫全書總目提要·子部》，上海古籍出版社 2015 年版，第 115 頁）

茲據清道光二十三年（1843）刻九卷本《野語》輯錄。此書由費南輝編輯。費南輝（1769～1844 後），字星甫，號見山，又號伏虎道場行者。監生。

廉使擇配

康中丞乾隆間官蘇臬時，有婦人擊鼓鳴冤，言故夫浙江進士，宰吳，卒於官。惟遺一女，以官項賠累，貧不能歸，母女僑居，針黹苦度。憑媒媼某，將女許配松江某為室。昨來娶，簡率可疑。媼亦隨去，訪之，乃匪徒設局，假娶圖轉賣。姓氏、里貫皆詭託，惟速追猶可及，故情急擊鼓云。公震怒，即發令翼委幹員，攜名捕，飛棹追二百里，中途獲之。公親鞫，所控皆確，媒媼亦其黨，遂治各犯以略犯律。念女頗端麗，而隨母僑居，食貧孤露，擇配頗難，詰其本籍，亦無可依倚，遂課試書院諸生。有冠軍某生，舊家子，貧未授室。公贈之三百金，屬參軍執柯，聘女為配，以儀從鼓樂導至參軍廨，成禮而歸，且俾其母相依終老。吳人作傳奇演其事。歲己酉，女之壻登賢書，女生子受封。（卷二，第 11～12 頁）

花面僧

花面僧者，吳人，故梨園丑色，嘗投甌江名班。班尚藝械，用鐵其船。偶泊湖渚，地甚曠，惟與一客船鄰。夜半，客船遇盜呼救。其班內生色藝最高，

－291－

提馬又躍而過，同班從之，與群盜鬥。盜寡而班眾，勢不敵，盜皆負傷，一盜被又垂斃，他盜負之遁，惟馬又為盜攜去，咸不為意。

久之，在鄉鎮演劇。有三人聘演社戲五晝夜，價倍於常，以百金為定。班主以僻遠難之。其二人先歸，留一人引路，如期而往，乃瀕海一小村落，居民數十家，茅茨星散，無市集，惟木橋通出入。臺設社廟前，廟小且荒陋，不能容班眾，或二或三，分寓各家，晝夜登臺。

演至第五日，俟晚劇畢，行告歸矣。夜未半，花面與花旦二人已無正戲，歸寓將寢。其家男婦皆未返，惟一女郎頗手韻，見之不避。二人者，一美姿首，一善調笑，託故與語，挑以遊詞，女若不知，無怒容。二人逡巡入其室，將狎之，女忽正色曰：「死在瞬息，尚相戲耶？」二人駭然詰之，則曰：「某年月日船宿湖渚，有諸？」曰：「有。」「鄰船遇盜，班眾赴救，有諸？」曰：「有。」「又傷一盜，有諸？」亦曰：「有。」問班失何物，乃曰：「惟失一叉。」女曰：「若輩之命，皆喪於是叉也！」二人驚疑，不解所謂。女曰：「此間居人皆巨盜，無一良民。吾，漁人女，亦被劫來，偷生此間。父母皆不知，無由出樊籠。習聞諸盜述湖渚行劫，遭戲班叉死一人，獲其鐵叉，上有班名。徧訪是班，率演於城市，無可復仇。乃重餌誘之來，臺下預儲硫磺、焰硝，俟戲將畢，即擲火，必全班灰燼。即逸去，橋已抽斷，不令獨生。吾欲縱若二人，冀傳語老父，故不避瓜李嫌耳！」遂引上高處，望臺下，則人挾一炬矣。

二人泣跪求計，女曰：「北行橋斷處，是往來大河，惟鳧水可渡。傍岸東行三十里，有漁寮，內老叟眇一目者，是吾父。囑櫂小船來，夜釣橋畔，吾可乘間登船歸矣。但縱若去，盜必致詰。昨觀《千里駒》劇，可傚之，將吾捆縛於室，即不疑吾縱矣。」二人如教，縛之而逸，抵大河畔，橋果斷，乃謀曰：「鳧水非所長，縱溺死，亦勝於烈焰。」正遑遽間，望見大艦揚帆來，乃撲水呼救。其船落帆拯之，達於彼岸而去。

二人乘夜東行，天方曙，果遇眇漁，具以告。眇漁曰：「此蔡牽黨，羽翼眾多，不可攖。吾得間載女歸，亦他徙矣。」飯以脫粟而別。二人丐於道，遇官僕某，與旦有素，攜旦去，解衣衣之，薦於其主，遂大任用。花面亦賴其周恤。

旦後送其主北返，所乘官舫，舟子有眷屬，即眇漁也。詢之，云：群盜因李帥剿捕急，遁入海，惟女與聾媼在巢。伊託賣魚訪之，見其女，暗約乘夜登船而逸。女行時，攫有盜貲，遂挈家順流下，捨舟至浙西，別購內河巨舫，操

舟為業。虎口餘生，重逢話舊，父女喜甚，即招旦為贅壻焉。

花面自邁難後，厭棄故業，投苕上為僧。庚寅秋，余與遇，雖髡髮披緇而詼諧有故態，歷歷自述如此。（卷四，第6～8頁）

李公奴

綿竹李雨村閣學官京師，去家萬里，欲寄清俸而難其人。一點奴窺主意，銳身請行。不得已遣之，家言外惟附書兩篋。奴本懷肬逃意，顧書無所用，妄念遂息。既至，公子啟篋，出金葉於書葉中。奴爽然若失。（卷四，第15～16頁）

編者案：李調元，字羹堂，號雨村等，四川羅江人，輯有《雨村曲話》《雨村劇話》等。簡介見前。

潘宮保

宮保諱季馴，明萬曆戊寅總河漕。……公既樹績於河，而吳縣故澤國，亦深賴公之力焉。苕溪之水發源天目，由城北趨太湖，遇梅雨經旬，輒暴漲數丈。城北市陌路溪流迥狀，勢特浩瀚，居民艱渡者多覆溺。公仿河工制，建大橋，亙三十餘丈，凡九孔。鄉人稱為潘公橋云。傳奇家誤以潘公事屬蔡端明，謂修洛陽橋，遣役入海，持「醋」字而反，豈事有適相同歟？不然，傳聞之訛也。（卷五，第6～7頁）

編者案：明傳奇《四美記》《洛陽橋記》俱演蔡襄（拜端明殿學士，人稱「蔡端明」）修建洛陽橋事。

荔支

有張、王二生，靈璧農家子也，鄰村相善。乾隆乙巳歲奇荒，有江北流民胡姓，挈眷至其地。張娶其一女曰芷香，……芷香有妹蕊香未字，屬張作蹇修，王遂聘焉。……芷曰：「不費一金得如此佳婦，信匪人蜚語，妄想作朱翁子。吾妹神人，安用此薄倖郎哉？」張固請曲宥，芷曰：「郎既見疑，妹緣已盡。若求寧處，須設筵演劇，歊吾戚族。吾為若緩頰。」王謹受教，乃於曠處結綵樓二，施帟幕，張盛筵待之。鉦鐃既沸，觀者如雲。忽人眾左右辟易，中闢一路，如有人入幄者然。王惶遽跪道左以迎。劇將畢，眾辟易如前。王跪送焉。啟幄視之，筵中蔬果已盡。每座遺荔支二枚，皆鏤小孔而無瓤核矣。（卷六，第3～4頁）

崔生

太原某公宰鄞邑，其戚崔生為之理倉務。……夜半，（同鄉友）武於他所歸，聞崔唱【西皮調】甚高，急視之，崔在地向床跪，以手拊床作按拍狀。武遂呼眾至，昇之至床，則憖然罔覺矣。不數日，崔死，眾歎訝。（卷六，第9~10頁）

符童

鄉村元宵諸戲有曰《呪符仙童》，善其術者所在皆有。好事家具樂部燈燭茶果之屬，擇韶秀村豎數人，被以彩衣。術者畫井於地，抱豎立其中，口噀以水，自項至踵皆畫符厭之，大抵祇「耳聾」「目瞽」「鼻塞」「口噤」諸字，非鳥書雲篆也。書訖，焚冥鏹於戶外，豎漸搖撼不能立。急扶定，乃奏樂，豎輒隨樂作舞。或度曲，豎亦隨曲演之，俯仰進退悉中節度，與梨園不異，惟不能歌也。方演時，歌者或誤，則豎呆立不動。又戒觀者毋交足，交足則豎僕矣。余兒時嘗觀於某搢紳家，燈火如畫，鉦鐃競作，觀者肩摩踵接。堂中設紅氍毹，妝武士一人，手提銅叉，盤旋跳躍，演《劉海戲蟾》劇，眾皆歡賞。繁響漸歇，笙簧繼作，別妝生旦，樂部奏《玉簪》昆調曲，生旦按曲演之，神情意態妙若寫生。余時但知為演劇，不知以符戲也。曲竟，術者呼乳名，生旦忽如夢醒，洗妝易常服，乃常見諸牧豎耳。相傳昔有梨園渡湖，舟覆溺死，其鬼出為厲。湖濱人延黃冠，用五雷正法禳之，不能制，遂許為符童，聽以本業謀食。歲初，湖鄉隨處可召，惟不敢入城；迨漕艘渡淮，則不應，以為附艘北去云。（卷六，第18~19頁）

落籍

前明設教坊司，罪人家屬沒入，其中不少名門淑媛，徒惜一死，墮入煙花，仁人所不忍聞，是以名妓甚多。官有籍記，故除名贖身謂之落籍。今無此名，妓家養雛姬，教以歌曲，用作錢樹子。間有能誦《千家詩》數首，即為雅品；縱有詩詞，盡出捉刀之手。而吾鄉吳珠泉著《續板橋雜記》，吳門管靜山（英）復有《吳門畫舫錄》，皆青樓點將簿。其所稱道，得毋過譽。（卷七，第14頁）

社神

村社之神曰當方土地。鄭菼畦（元慶）《石柱記箋釋》云：湖俗信鬼神，

有村落必有廟宇。奉一神以主香火。好事者遂至訛傳，指不勝屈云云。今舉尤謬二事辯於左。……康城土地嚴康。《前溪逸志》略云：野老言，康邑奇醜而力，爪牙為兵，革膚為鐵，惟喉三寸肉。妻鮑三娘美而勇。各治兵，為幕府。時有花關索者，年少美容儀。鮑悅而私之，貫康喉而斃。今村莊雜劇演其遺事，而康廟像祀夫婦二人，別祀索於何村，為孤土地云。康恃力強死，鮑淫奔殺父，索竊妻暴行，而祠宇相望，是崇奸教亂也。意者傳聞實乖乎！（卷七，第24～25頁）

辟邪略

凡小說所傳紙人、豆馬役鬼驅神諸伎倆已絕無矣。至邪教經卷，嘗於公牘中見郡縣搜得呈驗者，皆前朝山東羅某所著。羅郎，若輩尊為羅祖者，經多不能悉記。有一種名《太上巍巍不動深根結果經寶卷》，其名已鄙俗可嗤，開宗亦引佛經數語，半頁之後悉十字句俚詞。凡所稱引，皆淺陋演義、雜劇中事，間作奧語如真空、無生等句，藉以眩俗，絕無精義可參，亦無顯然悖逆字句，餘經大率類此。若輩奉為金科玉律，欺誑愚蒙。作俑階厲，似應罪歸羅某。然蒲柳泉《聊齋誌異》載：羅祖即墨人，充戍北邊，因事發憤，棄家入山，辟穀坐化。則其人乃修道有得者，必不造此淺陋經典惑世誣民，意必邪教中粗識幾字者託名編造耳。然正幸經文淺陋，不能欺誑士林。（卷九，第14頁）

還難婦

施愚山先生《浮萍菟絲篇》序云：李將軍部曲嘗掠人妻，既數年，攜之南征，值其故夫，一見慟絕。其夫已納新婦，則兵之故妻也。四人皆大哭，各返其妻。其事已奇，至無瑕完璧，兩世重圓，則惟《巧團圓》傳奇所載姚、尹二人事，方與此合。而傳奇乃笠翁臆造，此則言言紀實也。（卷九，第24頁）

尹元煒

尹元煒（1773～1853後），字青父，號方橋，浙江慈溪（今屬寧波市）人。清嘉慶九年（1804）舉人，曾經史部銓選為知縣。性淡定，不思仕進，工詩及古文辭。著有《清風軒文集》四卷、《詩集》四卷及《溪上遺聞錄》《溪上詩輯》等，搜采頗富，文獻賴以有徵。（事見《兩浙輶軒續錄》卷二十二。喬曉軍編著：《中國美術家人名辭典（補遺二編）》，三秦出版社2007年版，第19頁）

兹據清道光二十八年（1848）抱珠樓刻十卷本《溪上遺聞集錄》輯錄。

尹士龍禁習優*

（尹）公諱士龍，字見卿，號躍川，成嘉靖癸丑進士，出為福建侯官令。侯官省會劇邑，政繁事冗，公處之裕如，逾年邑大治。會倭寇自浙趨閩，攻陷城邑。公預備有方，悉力防禦，倭不敢犯。未幾，入為刑部主事，屢辦疑獄，尚書以下咸倚重焉。尋以本部郎中出知池州。池陽山川清曠，沃野千里，而民皆窳，不事田畝；又好為優伶，青陽尤甚。公至，嚴課農桑，惰遊者罰無赦。其習優者，勒歸農。由是，民始務稼穡，有蓋藏。（卷五，第2頁）

王端履

　　王端履（1776～？），字福將，號小谷，浙江蕭山（今屬杭州市）人。王宗炎子。清嘉慶十九年（1814）進士，官翰林院庶吉士。早歲歸田，著書教授以終。「承繼其父十萬卷樓藏書，多有增益」。（王河主編：《中國歷代藏書家辭典》，同濟大學出版社 1991 年版，第 38 頁）

　　茲據臺灣《筆記小說大觀》所收十二卷本《重論文齋筆錄》輯錄。

會戲*

　　吾邑濱臨浙江，江水環其三面，故西南為西江塘，東北為北海塘，皆所以障江水也。……棉花今歲收成好，會戲開場十日看。（土俗奢侈，每遇豐收，率群聚演戲宴飲為樂，名曰「會戲」。俾晝作夜，百弊叢生，以離城窵遠，官法亦不能盡禁也。）（卷二，第 29 編，第 4143 頁）

演劇試神*

　　鹿泉先生《呂城鎮書事》詩：「呂城土谷神祠二，南岸汾陽北顏良。郭公明德祀宜廣，顏也何功食此方。土人相傳明代末，廟祝見夢帝命將。報賽至今有禁例，近祠各廟無關王。後世民神多糅雜，誰能一一窺渺茫。」自注云：雍正某年縣令某，疑其說，使優人演《單刀會》事試之，神像遽隕化。是年大疫，令旋謫死，遂相戒不復然也。（卷九，第 29 編，第 4346 頁）

徐天池撰聯*

　　吾鄉祠宇楹聯有絕佳者。府城隍廟云：「王公險設，帶礪盟存，八百里湖

山，知是何年圖畫；牛斗星懸，蓬萊景勝，十萬家煙火，盡歸此處樓臺。」相傳係徐天池手筆。以廟踞臥龍山麓，登高可以遠眺故也。（卷十二，第 29 編，第 4415 頁）

　　編者案：徐天池指徐渭，渭號天池山人。